为聪慧与高尚的人生奠基

窦桂梅

谨以此书献给清华大学附属小学百年诞辰

大夏书系·语文之道

语文教育的『大』和『小』

为生长而教

王玲湘 著

上海市著名商标
ECNUP
华东师范大学出版社
全国百佳图书出版单位

本书为2014年度北京市教育科学“十二五”规划重点课题“小学语文主题教学的研究与实践”的研究成果，编号ABA14018

目录

辑三　生长之舞：课堂里的绽放

辑四　生长之悟：研究中的吐穗

序　一个为儿童自由呼吸的教育者

如今，清华大学附属小学已近百年。这一阵子，我正在思考百年清华附小存在的中国意义。从冯友兰、朱自清等大师云集创办的成志学校，到西南联大，再到今天的清华附小，我深深知道清华附小“家国情怀、完整人格”背后的价值观和课程改革对中华民族的复兴及中国基础教育的发展有着深远影响……

作为清华附小校长，这两个方面成为我必须殚精竭虑、全力以赴承担的使命。王玲湘老师便是与我配合、同行，一起完成使命的顶梁柱之一。

人的需求一般有三个层次：一是物质刺激，二是给予机会，三是价值观统一。君不见基督教、佛教等宗教从来没有给信徒发工资，或提供平台，信徒们却义无反顾，全心全意信奉。在我看来，从江西到北京，王玲湘是怀着对教育的理想和追求来的——扎根北京，融入清华，实现超越。

然而，南人北迁，南北方文化气候方面的巨大差异、从省会城市教研员到一所学校主管教学的领导的角色转换，都成为她适应的藩篱……如今的她，已放下曾有的光环和簇拥，镌上了清华人的烙印，在每一天忙碌而充实的工作中，那么神采奕奕，那么全心全意、令人佩服。

正是在百年附小探索中国意义、实现价值观引领和课程引领目标的大背景下，玲湘突破语文学科教研员的认识局限，构建和探索主题教学的“1+X”课程。从单线的语文学科教学，迈向了语文教育研究的广袤天地，思想在破与立中重生，“日日新，又日新”，她不断更新与超越。

翻开玲湘的这本书，她的语文教育观——“为生长而教”的理论主张与实践样态十分鲜明。这是她25年来躬身教育实践的剪影，其中有她作为一个教育者的成长与发展历程。书中也有她各个阶段思索教育理念而留下的丰富而鲜活的教学案例，这是一条语文发展的流。“为生长而教”，是从双维度来表达的，一个是玲湘向着教育理想不断求索，一个是儿童语文的生长，由此有了文章中师生共生长年轮里的印迹。

在清华附小的这座小园子里，她如我一样，相信儿童，等待儿童，深知他们的生命不能重来，而童年只有一次。她与我一道，与这园子里的教育者们一道，心怀慈悲，善待每一个生命，相信教育的力量。就我平日里的感受而言，玲湘的教学正是从主题教学的“语文立人”发展而来，润着儿童味儿，藏着生活味儿，为着一个活泼泼的儿童生长倾尽所能，甘做雨露、阳光和水。就生活味儿而言，她的语文教学是贯穿生活的。生活润物细无声地流淌在她的教学中，生活是她教学的土壤，是学生学习的活水。让生活自然而然地浸入课堂教学，玲湘始终围绕“引入生活—融入生活—深入生活”开展教学，处处链接着儿童的基本生命节点，在寻找与每一个儿童个体生命发展的契合点的过程中，实现创生意义的学习。具体如下：

引入生活。玲湘的语文教学从联系生活开始，以激活学生的生活体验，调动学生学习的欲望和情感准备。这里所说的引入生活，不是简单地再现生活和丰富生活，更重要的是寻找学生与文本之间的一个燃烧点，而点燃这个燃烧点的引子就是生活经验。儿童在与文本相遇之初，自然而然地结合自己的生活经验和认知基础，开始自己独特的解读，但由于儿童的生活经验不足，或者没有掌握成熟的、适合的链接生活的方法，因此教师要引导学生获得生活的经验，通过表演、朗读、示范、交流等方式，引发学生思考和链接，形成自己多元的解读生活方式。引入生活，便燃起了学生的学习情感基础与思维基点，调动起了学生学习的内驱力，这样真正的学习才得以发生。

融入生活。这样才能增强学生学习的切身感受，才有可能将所学习的知识、技能等转化为一种情感品质与精神气质。无论是文本，还是多媒体等素材，都不如学生亲身经历的生活这一素材鲜活、广泛、生动、多元。在玲湘的课堂里，学生将自己的日常生活情趣、感悟以及生活经历自然地融入自己所学的文本，对文本内容有自己独特的解读和深刻的理解，并在此基础上与作者产生共鸣，与自己产生情感互动。

深入生活。生活是源泉，也是实践的土壤。儿童在与自身的生活链接的过程中，实现创生意义的学习。基于此，“为生长而教”引导儿童回归生活，亲近现实社会生活，充分发挥实践的主体性作用，自主选择，在实践的过程中体验、感悟、升华自己的认识和情感态度。学生通过自主实践，感受鲜活的学习过程，语言运用能力得以提升，思维更加深刻，情感得到升华。

“为生长而教”思想中有清华附小一贯强调的鲜明的儿童立场。玲湘的课堂努力体现了“儿童站在教育的正中央”。细观之，它有三层意思:“唤醒儿童—发现儿童—解放儿童”。

其一，唤醒儿童。她的课堂引入生活在于唤醒儿童，如斯普朗格所言:“教育的最终目的不是传授已有的东西，而是要把人的创造力量诱导出来，将生命感、价值感唤醒。”而玲湘总是恰到好处地点燃了儿童。其二，发现儿童。融入生活在于倾听儿童，儿童有与生俱来的“内在生命力”，这种力量深藏在儿童内心深处，是真实的、积极的、活泼的存在。我们需要了解儿童，需要尊重儿童的个性。玲湘观察每一个儿童对外界所作出的行为反应，并回应他们的内心世界。其三，解放儿童。深入生活在于解放儿童，如果儿童是一颗种子的话，要让他在生活的土壤中自在地成长。解放儿童最重要的途径就是让儿童回归生活，深入生活，让他们在广阔的世界里，自主选择合适的生活实践方式，长成自己喜爱的模样。

对于一个民族、一个国家而言，今天教室里走出多少优秀教师，将决定这个民族、这个国家的明天和未来会培养出多少聪慧而又高尚的人。只有当优秀的教师，如玲湘这样，从课堂里面走出来时，当有更多的专家来思考教育时，儿童的成长才是让人心安的，学校的教育才是成熟的，国家的教育才有可能培养出智慧且高尚的教育专家。

所以，《语文教育的“大”和“小”》一书是清华附小在为学生聪慧与高尚的人生奠基的办学使命驱动下创作的，书中有王玲湘老师追求卓越的历程、对教育事业的无限挚爱、对教师神圣职责的敬仰。她是“儿童站在教育的正中央”理念的最好见证人之一。

作为好搭档，我希望玲湘不断寻找从专家走向教育家的路径，以生长的方式带领团队经历一次次的超越与蜕变。希望她更加入微，在常态课堂中，深入体验“基层故事”，并和我一道，开创附小新百年的伟大复兴时期。

数风流人物，也看今朝！

窦桂梅

2015 年 3 月于清华园

自 序

对语文教育的认识过程，亦是我成长、成熟的过程，如年轮一圈圈、一轮轮，镌刻在我的生命里。

童年经历，是我生命的根，也是我文化的根。童年蓄养着我的生命与精神。浪迹于自然山野、万米阳光、林间小溪，玩泥巴、堆沙堆、采野花……绿色的自然、快乐的游戏、无意的艺术，把我的潜能唤醒，为我涂抹了丰富温暖的人生底色。当我能坐在教室里听课的时候，书上的字在我眼中是活泼泼的，我总把世界带进课堂，带进书本。我先是成为自然和生活之子，而后在学习中，不断地把语文学习与生活对接，进而成为社会之人。成为一名语文教师后，这种“自己曾经是孩子”的学习经历，是我语文教学不再朽坏，不断生长的原动力。

我在形而下之“做”与形而上之“思”中，发现语文的本真，并进行教学教研。我教了三年中学、九年小学，当了十年市教研员，这样的经历让我能够将中小学语文贯通起来思考，把教学教研联系起来比照。我发现小学语文教师的课堂教学生动形象，却相对缺乏理性思考；中学教师重视教材解读，但教学方法相对单一。一线教师实践丰富，却缺乏理论指导；教研员理论知识丰富，却缺乏一线经验。丰富的工作经历，培养了我感性与理性融合的思维方式，逐渐明晰了语文教学的要义：正确理解和运用语言的能力。这种能力，以学生广阔的生活经验、知识储备为基础，渗透审美情趣、思想道德、文学文化的修养等。

重返校园，促进了我对受教育主体——儿童的认识。窦桂梅校长和她的“主题教学”理念对我产生了深远的影响，我再一次进行自我更新。“主题教学”的儿童立场，改变了我当教研员时期过于注重教学设计，引导学生“跟我来”的想法。我开始努力唤醒儿童，点燃儿童，把他们的创造力量诱导出来；发现儿童，倾听儿童，观察每一个儿童对外界作出的行为反应，并回应他们的内心世界；解放儿童，让儿童在更广阔的世界里，自主选择合适的生活实践方式，长成自己喜欢的模样。语文，应从教学走向教育。

人生的经历和自我对语文的认识，就这样扭结在一起，而且不约而同地与“大”和“小”有关：从年幼的儿童，长成中年的妇女；从小小的山村，走向大大的都市；从小课堂的打磨，走向大课程的研究；从语文本位的“小”点，走向语文立人的“大”处……

与出版社切磋的时候，我毫不犹豫地选择了“语文教育的‘大’和‘小’——为生长而教”这个书名。坚持“语文教育的‘大’和‘小’”这一主书名，是因为其内核是为了促进儿童的生长。因为从指向“人”的教育来看语文教育，语文教育既要有“小”语文的内涵，又要有“大”语文的视野。

“小”语文的内涵，是指语文教学的学科特性：扎扎实实地夯实语文的知识和能力——一手端端正正的汉字、一副表达清晰的口才、一篇文从字顺的文章。这是语文学科区别于其他学科的主要特征，也是语文教育的重要基础，什么时候都不能丢。语文的听说读写能力，与其他能力的形成和发展一样，都是有规律可循的。一般是先听说后读写，根据年龄特征及学段目标，又可有所侧重，如低段“重识写、重朗读、重积累”，中段“重阅读、重积累、重表达”，高段“重积累、重领悟、重运用”，螺旋上升，综合达成。

“大”语文的视野，指向提升儿童生命质量的高度。人，要成长为一个完整、丰富、大写的人，他的灵魂应当是富有活力的。一个民族的母语是一个人成长的精神河床。浸润儿童生命的母语学习，终究会成为他生活的一部分。语文教育，要在以发展儿童语言能力为核心的基础上，指向审美情趣、文化教育、思想品质等方面。眼里有儿童，心中为儿童，目标是儿童，语文教学才能成为语文教育。

“大”语文的视野，也伸向儿童生活的广度。与文本相遇之初，唤醒体验，引入生活；与文本相遇之中，融入生活，进行情境体验，把知识、技能转化为内心的一种情感品质、精神气质；与文本相遇之后，深入生活，让生活成为语文实践的广阔土壤。

只有“小”语文的内涵，没有“大”语文的视野，语文是狭隘的；只有“大”语文的视野，没有“小”语文的内涵，语文是泛化的。

有了对语文教育“大”与“小”的理解，我告诉自己，为生长而教，努力成为终身学习者，做一个阅读者。阅读经典，丰富底蕴；阅读社会，积淀感悟；阅读自然，探索发现；阅读儿童，深入了解；阅读自我，不断修炼。

有了对语文教育“大”与“小”的理解，我告诉自己，为生长而教，不仅要目中有人，还要有一个个具体的儿童，让“儿童站在语文教育的正中央”。尊重儿童的独特感受，张扬其个性，提高其参与意识，为每一个儿童创造一个安全、丰富和富有激发性的学习环境，支持他们创造，鼓励他们分享自己的想法。

有了对语文教育“大”与“小”的理解，我告诉自己，为生长而教，在语文课堂这个微观的生态系统中，教师、学生、文本等各生态因子应占有各自的位置，自由、平等、合作，师生在充满生机与智慧的教学情境中，在知识和生命方面获得一种美的享受，共同构建情境体验、互动合作、意义生成、充满生气的课堂！

“大”与“小”，是在学科和教育间寻找儿童成长的契合点与生长点，还儿童一片完整的生活与成长土壤！

是为序。

2015年3月1日

辑一·生长之路：

年轮里的印迹

“门前老树长新芽，院里枯木又开花……”《时间都去哪儿了》舒缓的旋律，贴心的歌词，直抵人生岁月流转中的种种故事。

时间哪里去了？年轮一圈圈变大，皱纹一点点印刻。转过不惑，回望自己，每个生命都是大自然的孩子，自己也是岁月流转中的一棵树。

春夏秋冬，二十四节气，年年如是，周而复始。吸纳、成长、奉献、反思，童年—青年—中年，教师—教研员—教师，每一个阶段的成长，如此相似，循环渐进。

自由童年，“玩”出素养

就如《小王子》中所说，“没有童心的大人，永远不会懂孩子的世界，尽管他们也有过童年，但他们早就忘了！”我也曾如此。但现在又重拾起自己的童年思考：童年，到底该怎么给一生打底？

家乡大茅山风光

我出生在素有“小庐山”之称的江西大茅山，紧邻“中国最美乡村”婺源，那里群山迤逦，风景怡人，资源丰富。《乡村四月》中的“绿满山原白满川，子规声里雨如烟”，正是对我家乡四月如画风光的白描。革命先烈方志敏的哥哥方志纯带领一大批知识分子开垦大茅山，给这个地方带来了新鲜的文化气息。

春天树林的律动，胜过/一切圣贤的教导，它能指引你识别善恶，点拨你做人之道。

如华兹华斯所写《转折》，我红土地的家乡，是一本最厚实的自然之书，开启了我的蒙昧之心。

山野里穿，田地里跑，小溪中踩，每天满头满脸、满手满脚都搅和着泥与汗。自然课上老师讲叶子的形态，课后我们漫山遍野地寻找披针形的竹叶、椭圆形的茶树叶、针形的松针……第一次在生物实验室做解剖实验时，我们班的男同学直接到田里捉了十几只青蛙，供同学们在课上解剖用，家乡真是“课堂大天地”！现在想起来，近年来课程整合中强调的“学科与生活的整合”，我读书时就是那种状态。

“游戏，是儿童的天使。”我从小是个疯丫头，非但爱玩踢毽子、跳皮筋、采山花、捡石子等这些女孩子们的游戏，也迷恋冲城、丢沙包、粘蜻蜓、打乒乓球等男孩子们的游戏。那时，学校没有开设口语交际、领导力等课程，但游戏却让我在不知不觉中获得了如何与人交流合作的经验，我的意志力、耐力、组织协调能力，都是从游戏中自然生长起来的。

记得上幼儿园大班的时候，老师用纸帮同学们折小鸟。那是多么漂亮的小鸟啊，用手指捏住尾巴，有节奏地拽动，小鸟的翅膀就一扇一扇的，仿佛在天空飞翔。小朋友们排成长长的队，焦急地等待老师帮自己折上一只。小小的我，拿着一张纸坐在老师身边，跟着老师一下一下地折，不一会儿竟学会了！于是，等的着急的小朋友都到我身边来请我折小鸟。那大概是我第一次尝到了自己学会的甜头，也大概是我第一次学着当老师！自此一发不可收，我俨然成了孩子王、小老师，这种角色一直延续到我成了一名真正的老师。

艺术，为我的童年生活增添了色彩和光泽。我从没有经过正规的艺术训练，但并不缺少艺术的滋养。我才周岁就被送进了幼儿园。每到“六一”演出，中班的小朋友表演给小班看，大班的小朋友表演给中班看。《拔萝卜》《快乐的节日》《我爱北京天安门》……经典的儿童歌曲、舞蹈，成了我童年时的游戏童谣。

江南的夏夜，暑热难熬。大人们干完活，都坐在老樟树下的竹席上乘凉。每每这时，我的独唱、独舞成了大人们驱除暑热的一阵凉风。逢年过节，与农村的亲友们相聚，他们一声“玲湘，跳个舞！”我都会“噌”地一下站起来，大大方方地边唱边舞。弹吉他、吹口琴、素描，都是我和下放知青的孩子凑在一块，拿着书自学的。

谁说自然和自由就不是教育呢？相传孔子最爱观赏壮丽的江河和雄伟的高山，他认为从每时每刻都在变换着自己的神态和面容的水中，能看到变动不居的“道”。自由的童年、绿色的自然、快乐的游戏、无意间习得的艺术，把我的潜能唤醒，为我涂抹了丰富的人生底色。进师范学校后，我的“多才多艺”让我从同学们当中脱颖而出，成为上饶师范复校以来唯一一个连续三年获得一等奖学金的学生，并成为地区的优秀创新人才。

初为人师，“备”出基础

1989 年的毕业会餐，改变了我留校任教的梦想。当时，我正沉浸在与同学话别的离愁中，赵连瑞书记和胡舜海校长端着酒杯走到桌前，惋惜地告诉我：“今年的分配政策有变化，留校指标被取消了。但我们相信，你无论走到哪，都能做得很出色！”带着两位领导的嘱托，我回到德兴县，分在花桥镇新组建的一所中学。

走进这所位于山旮旯里的镇中学，我的教学生涯拉开了序幕。不满十八岁的我，和七位一同分来的大学生，承担起这所新校的创建工作。

两栋半旧的教学楼，满目荒草的校园，条件简陋，设备不全，甚至没有必备的教参。我的师兄、师姐们在理想与现实的落差间备受打击，而我，因为是学历不合格的中师生，没有任何埋怨，安之若素。

学校安排我教初一（1）班的语文，同时任班主任。那个时候，年轻的我融入只比我小几岁的学生当中，一起上早晚自习，一起上山打柴，一起在水泥桌上操练乒乓。那时的我，不懂得语文教学的个中三昧，只得在课下刻苦地读书应考，课上用心地把自己知道的告诉学生。

印象深刻的是一次校内公开研讨课。我上了一堂“名词”语法课，从吃的土豆、用的课桌、心里看不见的愿望谈起，运用归纳法形象地解释名词，居然得到了领导和同事的大加赞赏。从此，我的教学信心倍增。

不会备课，我就“背”课，长长短短的课文，我一遍一遍地读，读到烂熟于心，张口就来。不会上课，我就把自己想象成学生，想他们在读第一遍的时候，有什么感觉，读第二遍的时候，有什么问题，多读几遍的时候，又有什么收获。我不断地想学生可能遇到哪些问题，这些问题该怎么解决。也许是因为教学相长，渐渐地，我和我的学生也能沉浸于蕴含着作者心灵感受和生命体验的文字当中，涵泳体味，彼此真诚地交流，分享各自的感受和体悟。

回忆起来，那段时期的盲目摸索、跌爬滚打，虽然有艰辛和苦闷，但没有遗憾。因为艰苦的环境，容易让人产生一种珍惜的情愫。更何况事实证明，这种独立作战的本领，为我以后解读教材、设计教学，打下了牢固的基础。

上饶师范同学聚会

崭露头角，“赛”出思辨

走在南昌师范附属实验小学里，如同走在满目繁花的山阴道上，我知道成长的春天临近了，这样的境界让我向往、让我兴奋、让我激动。但扑面而来的两件事把我重新抛入谷底：由于我是乡下来的教师，我班的学生家长聚众闯入校长室，纷纷要求为孩子转班；还没平息家长的意见，又迎来了学校的教学竞赛，我的课被评委们定位为“教学方法过于陈旧”。

“错过太阳，你流泪了，你也将错过繁星。”泰戈尔的诗指给我方向。面对这些，我痛苦地提前给未满周岁的儿子断了奶，流着眼泪把他送到乡下。为了弄清语文“怎么教”，我暗暗给自己订了个成长计划，从“备课”“上课”“比课”入手，并为其冠名“三课面面观”。

第一，备课不看教参，重解读。每次备课，我坚持先不看教参，而是自觉地先读课文，一遍一遍地读，把阅读体会以纲要的形式记在备课本上。然后，一本一本地查找背景资料，丰富对文本的解读。最后，梳理备课思路，撰写备课内容。

第二，将上课视若公开课，求实效。为了上好课，我把每一节课都当作公开课，尝试“慎独”的修行。每一堂课，我都想象着有一位循循善诱的导师在认真倾听我的课，这样我就不敢马虎。板书一板一眼，读书一字一句，过渡严谨自然，提问一掷千金——我严格要求自己。

第三，比课比比皆是，要生长。我的比课有三——

一是“与教参比，找问题”。上完课，我会认真翻看教参，查找独立备课的问题，尤其是解读文本的准确性。我最得意的收获是发现文本的语言训练抓手，应当是集中彰显文本的人文价值，且符合本学段工具性训练的重要句段。当时我是井底之蛙，后来才知道这不叫什么发现，但当时的心情，却不仅仅是“兴奋”一词能形容的。

二是“与同事比，学优点”。课下十分钟，是我向同事请教的黄金时间。顾不得一手的粉笔灰，我要先到隔壁教室看看徐老师的板书，他的板书总是简洁、精炼，文路、教路、学路有机统一。我还要把课中的问题和困惑抛出来，大家想出好策略后，让进度慢的老师带着办法去实践。碰到不好讲授的课文，我偶尔也央求易老师、毛老师让我进他们的教室听课。辜老师的教室就在办公室旁边，我欣慰可以常常听到她的“公开课”。

三是“与名师比，寻差距”。得到名师的同题教案后，有时我在课前看，然后“复制”实施，看看哪些问题我不能很好地解决；有时我在课后看，这样可以条分缕析，如庖丁解牛，所获非仅“牛”矣。

著名特级教师于永正老师说：“‘慎独’最难，也最可贵。”我虽然没有做到每篇必“修”，但长期坚持这样做，却也能够明白该怎么上好一节语文课了。

1999年，我代表南昌师范附属实验小学参加南昌市封闭式阅读教学竞赛。当时我正在教一年级，对几个年级的教材不大熟悉。于是我把厚厚一叠教材捧回家，将课文内容分类型、分年段，逐一地模拟备课。5月1日到7日是“黄金周”，整整七天，从凌晨四五点钟，到深夜十一二点，我都埋在我的教材中。比赛抽到的是一篇略读课文《要是你在野外迷了路》，我把自主学习的所获运用到课上，设计了三步阅读法：“利用工具书初读感知”“运用学习菜单自读解疑”“抓关键问题研读交流”。此课得到评委们的一致好评，获得一等奖的第一名。

2001年，我代表南昌市参加江西省第四届阅读教学大赛。特级教师李再、张敏，省小学语文专家王瑞源老师对我进行了精心的指导——从教材取舍到课堂结构，从教学方法到教学语言，从难点突破到教学艺术。我执教的《庐山的云雾》，以重点句段为教学抓手，以教学情境的创设诱发学生的参与意识，以问题的设置启发学生的思维，以朗读仿写引导学生感悟作品的语言。此课在会场引起强烈反响，最终获得竞赛一等奖。参加这种高层次的教研活动，让我更深刻地认识了语文课堂。

在这一阶段，我对语文教学的认识重在理解和运用语言文字、创设生活情境，而引导自主学习，成了我课堂教学潜意识中的一种追求。

且教且研，走过爬坡的荒原

2001年，因工作需要，我调入南昌市教科所、南昌市教育局教研室任小学语文教研员。当教师可以“独善其身”，当教研员却必须“兼善天下”，我感到肩上的责任更大了。所幸教科所是一个名师荟萃、研究氛围浓厚的地方，所长高瞻远瞩，异常重视促进中青年教研员的专业成长，其他老师也亲自引我走进教研之门。真诚的人际关系、严谨的治学态度熏陶着我，打磨着我。

课题：形而上之思，走向理性的探索

正值第八次课改，小学语文教学在教学理念的转变、教学方式的开放上取得一定成效的同时，也出现了一些非语文、泛语文的现象。解决问题要从“研究”入手。

最早接触课题是在南昌师范附属实验小学。我先是参加了省小学作文实验，后参加了中央电教馆的实验项目“多媒体辅助语文教学自主学习模式的构建”实验。课题由市里的教研员牵头，两周举办一次，分别在不同的实验学校由不同的实验老师上作文课，听完后大家讨论，共同剖析课的优劣，最后由教研员总结、提升。对这个课题，我坚持了两年多，风雨无阻，也慢慢摸索出了一点作文教学的门道。我生平发表的第一篇小教案《放学以后他们在干什么》、第一篇小论文《在看图说话中发展学生的思维》，都是做这个课题取得的成果。1998 年《江西教育》编辑部编了一本小学作文教学增刊，我写的五篇教案全部入选。

经过几年的作文实验，我摸索出一套“一重三积累，二次作文法”的教学法，即重视习作的过程，积累生活、积累语言、积累技法，改中成文。学生每单元的习作训练，我并不是等到习作课的时候才布置，而是在单元学习前，就让学生去积累语言，亲历、收集、观察生活，提炼习作题材；在单元学习中，指导学生结合课文积累语言和技法；习作成文后，重视引导学生在作中自改和互改，二次成文。细想来，这些做法，与新课程习作所倡导的“开拓思路、作中评改”理念是吻合的。

课题能借给老师一双会飞的翅膀，帮助老师去追求高度。这是我初次做课题时的感触。

如果说最初是“无心插柳”，后来就是“有心栽花”了。有一阵子，合作学习成了时髦的教学行为，公开课、赛课中老师如果不用，就仿佛没有合上教改的节拍。但我总觉得很多时候，合作学习成了课中的一种摆设，并没有真正起到促进学生发展、提高教学效率的作用。我在自己的课堂上还原观摩到的情境：把六张课桌合在一起，学生六人一组坐成 U 字形，共同学习。结果，同组的同学之间根本没有学习的互动与合作，更不用说获得小组学习成果了。我开始一点一点地培养学生的合作能力，用了将近一年半的时间，我们班学生合作学习的能力有了很大提高。2000 年，《江西教育》刊出了我的《提高“小组合作学习”实效性的策略》一文，其中的关键词“异质构建”“分工合理”“时机恰当”“目标明确”“时间充足”“成果评价”“建立在独立思考上”，后来被其他老师引入自己的文章。

从“问题”开始，从“小”做起，方能解决真问题，这是我主动做课题得到的感悟。

我当上教研员的那一年，是基础教育课程改革实验的春风涌动之时。本着从“小”做起，解决“真”问题的想法，南昌市的小学语文课改实验，自 2001 年起，从“识字、写字教学”研究开始。此后一年一个课题，逐年推进，逐步深化。每一次的课题活动，我们深入一所学校，听相关老师作课题研究阶段性汇报，听两节研究课，随后交流研讨。“专题推进”式的课题在问题中做，在做中研究，在研究中出成果，在成果反哺中提升，如此老师们尝到收获的甜蜜，参加课题研究的积极性也空前高涨。有一次，省里一位课题专家参加我们的课题活动，晚来了几分钟，居然挤不进活动室。他感慨地说：“我参加过这么多课题活动，像这里的老师们这样热情高涨、忘情投入的课题活动，还是第一次见到。”2008 年我主持省“十一五”重点规划课题“古诗文教学研究”，全市有 26 所学校 100 多名老师参与其中，并带动了全市 1000 多名老师共同研究，阶段性成果已被编入《小学语文古诗文教学研究经典案例》，由江西人民出版社正式出版。

课题研究能够带出一支积极投入到课题研究中的教师队伍，使老师们能够用“课题”的方式来解决教学问题，这已经超越了做课题本身的意义。

课堂：形而下之修，赋予实践的智慧

在对语文教学认识不断加深的同时，我也萌生了许多的困惑。有一段时间，我感觉自己走上了爬坡的“荒原”。“不进则退”的古训鞭策着我，渴望提升的需求折磨着我，这种内外交织的合力纠结在一块，逼我必须找到超越自我的途径。正当我一筹莫展的时候，所里请来上海教科院顾泠沅教授，顾教授“以课例为载体的教师研修机制”为题的学术报告，使我心头一亮，踌躇满志。

2014年，与崔峦老师合影于西苑区赛课活动

2006 年，全国第六届阅读教学

大赛江西赛区选拔赛开赛，离开讲台五年多的我，毅然报名参加选拔开赛。胜出后，炼狱般的磨课过程是我涅槃的宝贵经历。我要通过课例，亲历、验证、提升自己对语文教学的思考。我心中的语文课堂是“朴实本色、美丽大气”的。“朴实本色”是语文课堂教学的灵魂，语文是“语言”的教学，就要讲究咬文嚼字，讲求基础知识的训练；“美丽大气”是语文课堂教学的境界，因为语文教学不仅是教教材，语文的课文是美的，文字是活的。语文课堂就要师生披文入情，披文入境，亲历体验，智慧对话。所谓“读进去、想起来、读出来”，学生在强烈的情感共鸣和审美愉悦中得到美的熏陶、情的升华，我执教的《搭石》一课努力做到了。崔峦老师《在全国第六届青年教师阅读教学观摩活动上的总结发言》中这样评价：“《搭石》抓住一行人走搭石、两个人面对面走搭石、背老人走搭石的三部分文字，读出了美的画面，美的情境，必然体会到景的美，人的美，人与自然和谐的美，体味到语言的美。这样，语言、情境、人文内涵全都有了。”

踏过了《搭石》，后面是什么？……

让我意想不到的是，我的成长竟然得到了全国小语会的特别关注，要我在第六届阅读教学研讨会上为第七届阅读教学大赛的参赛老师上两节观摩研讨课。小语会的教育专家还亲临课堂听我试教，并作重要指导：“不要有话语霸权”，“要体现学生真学的过程，要有实效性”……专家高屋建瓴的指导使我更加认真地思考语文是什么？教语文为什么？学生需要什么？

接踵而来的是各地巡讲，《灰雀》《伯牙绝弦》《杨氏之子》……我一次次鼓起信心向前走去。听课的老师告诉我：你的课“文言共生”，美丽大气。这些对我的鼓励，更多的是从教学艺术的角度出发的。我告诉自己，教学是一门艺术，但同时是一门科学，要通晓艺术殿堂的玄机，要深谙科学大门里面的精妙，离不开我漫漫追求的课堂。

且教且研，行走在形而上之思与形而下之修中，我体会到了课堂的精彩与灵动，体悟了教学理念，丰富了研究内涵，提升了教学境界。当我深入课堂调研，发现文言文的教学问题颇多——或“有言而无文”，或“有文而无言”时，我与东湖区邮政路小学的老师们一同研讨，指导熊婷老师执教《伯牙绝弦》，该课后来获得了全国小学教育学会专业委员会教学竞赛一等奖。

事后，我想，小学的文言文教学能否探索出“朴实本色、美丽大气”的课堂风格呢？我再次以《伯牙绝弦》为例，从小学文言文教材的编排、语文教学的性质、文言文自身的特点思考，多次研读教材，另辟切入点，探索出了“以读为主，文言共生”的文言文教学策略。这个课例，在多地展示，受到老师们的交口称赞。安徽黄山的教研员焦斌老师给我发来短信：“此课高超但不玄乎，大气但不空洞，朴实但不乏味，是真正的本色语文。语文味、文言味，点点入味；师生情、知音情，情情交融。”

与老师们磨课，成了我做教研员生活的重要内容之一。胡婕、熊海滨、周明玉、易艳丹老师参加历届的全国阅读大赛，我作为团队的指导老师，从抽课题那天起，就与每一个老师一起经历设计、推翻，再设计、再打磨，一起流泪，一起欢笑的过程。记得袁莉华老师参加第三届全国素养大赛时，我正在山西做讲座，得知她赛课题的时间，我连夜飞到南京，与她同房共研《威尼斯的小艇》，一宿难眠。第二天，她表现出色，获得特等奖。陪伴才有感情，有收获，一次次国赛的历练，赋予我对课堂教学更为深刻的理解和更为灵动的实践智慧。

我于南昌

这一阶段，人教社对我的影响很大。“工具性与人文性的统一”是我对语文最核心的认识，反映在我的课堂教学中，就是立足于生活教育理念的“文言共生”。学生对语言文字的理解与运用，和情感、精神的平衡共生。

重返校园，扎根生长的沃土

每个人的生长，起起落落，总有一些关键的节点，如同经历了冬天的凋零，渴望遇见崭新春天的烂漫一样，需要我们作出艰难的抉择。40 岁，不惑之年，事业的生命力与创新的激情似乎又遇到了一个“瓶颈”：教育到底是什么？

道家提出道法自然。“道”导人以“自然”，只在于唤醒生命的“真趣”。“道常无为而无不为”，道见之于事物，自己化育自己、自己匡正自己，对天地万物无所不予成全，充分尊重万物自我生长（自正，自化）的能力。

孔子和苏格拉底的出现标志着人类教育的觉醒。苏格拉底唤起了人对“美”“善”“大”等价值的关注，使人们开始眷注人生的意义，并由此祈求人的心灵的最大程度的改善。中西方先哲们观念的一致意味着教育的首要使命从一开始就是为人生的终极价值或者意义指点，并且，这一指点从一开始就不是知识性的，而是生命化的。

用这些对教育的哲学阐释，反思“文言共生”的语文教学，就会发现在过分注重文本和学科知识能力的过程中，恰恰忽略的是“人”的需要。语文学科的“文言共生”，真是学生的经验和学生需要的经验吗？如何实现文本立场与儿童立场的融合统一呢？

当清华附小向我伸出橄榄枝的时候，“首都”“清华”“窦桂梅”这些字眼那么有力地打在我的心坎。事实证明，自我更新的过程，注定是破坏和重生的过程；自我更新的生长，注定会迎来一个明媚的春天。

回首近三年的成长，不能说是脱胎换骨，但在业务的和心灵上，我已然走进另一个境界。期间的两篇随笔，可见一路的变化。一篇写于来清华近一年的时候，为回应朋友们的问候，我写下《致我亲爱的朋友们》。

"开通微信吧，这样我们就能听到你的声音了！"来北京快一年了，听见朋友们的呼唤，几欲写点什么，但又能写什么呢？不惑之年，那样头也不回地来到北京，南人北迁，几多滋味，寥寥数笔能描绘吗？

来时赶上北京的金秋，天高云淡，秋风送爽。一切新奇的、新鲜的还没晃过，未来的、未知的图景还在编织和憧憬。但不久，漫长的寒冬来到了，光秃秃、灰蒙蒙的单一色调铺天盖地，没有尽头。独自担任创新两个实验班的语文老师，追赶超速的工作节奏，精力、体力淹没在忙碌的日常教学中，职业的耕耘是那么孤独与落寞。亲爱的老公开始夜不成寐，每天凌晨四点就醒了；读高二的儿子与我一样，要经历文化的碰撞和洗礼，要经历剥离与融入的挣扎和考验……从安乐窝般的南昌走出来，迎接我们的挑战，远比我们想象的残酷多了。骑车穿过二校门时，常常忍不住坐在路边放声嚎哭，一遍遍地责问自己：在南昌好好的，为什么来北京，为什么？？！

没有人搭理我的眼泪，我也不能像祥林嫂般絮絮叨叨，重复不甘与不忍。当我怀着敬畏与谦逊的心，再去打量与探寻新环境时，我不得不承认：首都与地方差异太大了。清华园静水流深，人才济济。种种不适皆因我不再拥有往日耀眼的光芒，不再轻而易举地脱颖而出。我身边的同事有北大的学生会主席、清华的高材生、北师大的校报主编、中央教育电视台的记者……语文老师出个人专著，美术老师办个人画展，奥数老师、机器人教练、金帆艺术指导囊括全国大奖，这些都不是惊人的新闻。

抛入山谷，那是为了让你学会仰望。该有怎样的攀援，才能让我的心变得更加强大，劈斩一路的荆棘，进而欣赏到峰回路转的胜景呢？如海绵般汲取吧！我的窦校长把教育视为生命的全部意义，“献身精神”在她身上得到了最好的诠释；我的好友胡老师嗜书如命，和她每一次深入地交流都“胜读十年书”；校园图书馆丰富的藏书够读几辈子，大大小小的讲座和报告隔三差五；漫步在清华园中，随处走来的一个慈祥老人有可能就是某一领域顶尖级的大师……

春去夏来，我的急躁，我的不甘，我的落寞，我的一次次眼泪也渐渐随时间流逝。我日渐平和，日渐感恩。“与善人居，如入芝兰之室，久而不闻其香，即与之化”，前世修来的福分让我走进了清华园，住进了清华园。

清晨，阳光透过繁茂的枝叶射下来，清脆悦耳的鸟鸣如一曲欢歌，伴着知了的长鸣，伴着打着卷儿探上窗台的瓜藤，我躺在阳台的躺椅上再读《复活》，宛若回到了儿时故乡的庭院。在喧闹繁华的北京城，有此一方昔日的皇家园林，一方安放心灵的净土，幸福之至！打开的这一页，写的正是喀秋莎和政治犯们在一起的生活，喀秋莎与西蒙松相爱且得到了前所未有的愉快，她说：“其实，我倒应该永生永世感激上帝才是，现在我长了不少见识，按我原来的那种生活，我是一辈子也得不到的。”这何尝不是我的心声呢？人都只有一生一世，上苍的眷顾，让我获得了更为丰富的人生体验。

谢谢亲爱的朋友，谢谢你们的牵挂！我下学期回到清华附小，干起带教师队伍的老本行。笑着直面未来的人生，将是我不变的姿态！

另一篇是2013年年末，来清华两年半之时，应刊物之约，写下的《选择》。那时，我的心态已迥然不同。

年，是回味、思虑与畅想，站在年关上，想起人生的选择，于是，特别愿意跟大家分享三个女人的故事——

因为突发性耳聋，我连续半个月坐在清华医院的输液室打针，有了“生活在别处”的机会。77岁的胡老师，总和我前后脚到。于是，每天听老太太给我讲一两个故事，成了必修的功课。

“我1956年考进清华大学，年轻时给校乒乓球队的同学当陪练，没想到被教练看中，进了校集训队。最难忘的是全国高校乒乓球联赛，我和一个从小就受专业训练的同学对打，脸都吓白了，腿直打哆嗦。教练看到这种情况，亲自指导我的比赛，我这才定了心。第一局尽吃发球，输了。第二局来了，我想反正豁出去了，不是吃发球吗？那就试试怎么接。还别说，第二个球就接住了。知道怎么接球，我再也不吃她的发球，第二局，我险胜，这太给我信心了。第三局，我又赢了。嗨，因为这个比赛，我又被选进了全国高校队，高校队一共六人，就我是只练了半年的。”

“您真了不起，聪明过人啊！”可不是吗？半年集训，临场应变对手，是一般人能做到的吗？

“可现在清华老年大学在组乒乓球队，我从来不去。但毕竟受过专业训练，手是痒痒的。有一次，我上去打了两局，老年队队长立刻要我坚持一个月，说我要是坚持一个月就能把在场的都打败。”说到这，老太太诡秘地笑了，“他哪知道我是专业队员啊，可还是有人认出了我，悄悄追出来，说您就是胡××老师吧，我们找您很久了，您出马吧，我们队一定能打冠军。”

“您没去吗？”

“青年的时候，我热爱乒乓球，已经证明了自己的价值。如今我已经老了，我需要的是休息、健康，不再是透支去拿冠军。拿冠军于我已经没有意义了。”

一个77岁的老清华，古稀之年，风霜雨雪，边走边悟，用丰厚的人生经验与智慧，在“名利”与“健康”之间作了明智的选择！

选择是一架天平，智者懂得如何在天平的左右作出取舍。

我有一个大姐，女儿从中国人民大学毕业，当年中国建设银行北京分行招聘，她的女儿轻松被聘。就在大家向她祝贺的时候，她说，女儿嫌建设银行的工作太单调、枯燥了，正在家里考雅思。

不久，大姐喜滋滋地告诉大家，女儿考取了英国一所传媒大学，学她喜欢的传媒专业。毕业那年遇上2008年的经济危机，大家都在担心大姐的女儿不好找工作。大姐说，女儿已经在上海一家颇有影响的杂志社做记者了。

朋友们总爱关心大姐的女儿，每次问及，大姐总说，又换了一个单位，或又换了一处住所，或又到北京去发展了。问多了，大家都知道大姐之女总爱挑战和超越，不安于现状，就缄默了。

去年年底，一日与大姐煲电话粥。大姐有些担忧，已经在北京结婚成家、在一家摄影杂志社工作的女儿，一心想创作设计瓷人偶。大姐女儿从小就爱画娃娃，做完作业就不停地画。如今她辞掉工作，离开北京，在景德镇与几个朋友包了一个窑，住在六个人一间的宿舍里，夜以继日地设计、雕刻、绘画、烧窑，衣服只在网上买两件，一天吃一顿也是常有的事。周围的人都纳闷得不得了，这么优秀的女孩是怎么了？可大姐的女儿，两耳不闻窗外事，一心只烧圣贤"窑"，朝着坚定的方向出发，投入且快乐着。

听完大姐的动情述说，我的心温暖起来。我仿佛看见这个世俗得不可一世的世界燃起了一缕耀眼的火光。在这个世界上，多数人只有"职业"，为了活着而工作；少数人拥有"事业"，为了工作而活着；而大姐之女却能不断叩问自己的心，多少年了，她一直执著而坚定地找寻，终于找到了自己的心之所往，找到了"命业"，这是为了生命而活着呀！知道自己要做什么的人，一定是一个精神自由的人。跟着自己的心，做喜欢的事情，大姐之女是最最自由和快乐的。

一个30岁的研究生，而立之岁，摸爬滚打，发现自我，用激情和勇气燃烧青春的岁月，在"职业"与"命业"之间作了大胆的选择。

选择是一场博弈，触摸到心的选择超越了谋生的角度，能触碰到高处的幸福。

2011年，我被评上江西省特级教师，丈夫的事业处在上升阶段，儿子在南昌重点中学读高中。该有的一切似乎都有了，朋友们都说我是上帝的宠儿。这一年的暑假，清华附小要通过绿色通道调我进京，儿子转入清华附中，此事若说是上帝的眷顾，还不如说是上帝的考验。“北京”“清华”“儿子上清华附中”，一边是天堂；“和丈夫分居”“从市教研室回到基层的学校”，一边是烈焰。

也许是母亲的力量占了上风，也许是清华和窦桂梅校长的魅力光芒四射，我毅然决然地带着儿子北上。

第一年，我带附小、附中合办的第一届创新班，任班主任。校长极其放心，于是我这个班主任，干起了创新班的课程规划、活动设计、家校沟通、出国游学等一系列活动的筹划和实施。谁知道我激情投入的背后有文化磨合、生活考验、多元碰撞上的诸多不适与痛苦呢？谁知道我一个人备课没有交流同伴时有那么多孤独寂寞、黔驴技穷、燃烛之蜡的苦恼与恐惧呢？谁知道一个被鲜花和掌声簇拥过而后不再有镁光灯的聚焦、观众冷淡如常的失落与失意呢？……不过生活是一只大手呀，它的反面是手背，但正面袒露出来的是手掌。谁想过我能再次站在讲台上，把自己多年教研高高在上、纸上谈兵的理论亲自种植到课堂实践中，感受实践的常青树枝繁叶茂的兴奋呢？谁能想过我能接触到一批伶俐聪慧、思想活跃、创造力非凡的优秀学生，品味与他们朝夕相处、畅谈交流时那种“得天下英才而育之”的自豪与骄傲呢？

第二年，我回到清华附小，担任副校长，分管全校教育教学管理工作，还具体负责语文教学。回到窦桂梅校长身边，我明白了一个至简的道理：一个伟大的灵魂背后，一定有不被人知晓的故事。之前与窦校交往时，只见她在小学语文教学峰顶上逼人的光芒。靠近了，才感受到她异于常人的教育激情、异于常人的投入、异于常人的勤奋、异于常人的坚持……以至于我这个在南昌堪称劳模的人难以跟得上她的脚步与思维。踉踉跄跄走了一年，心灵得到成长、业务得到生长，回首向来处，我才明白你与谁同行，决定你有多大的收获。

编撰《世说新语》的刘义庆“招聚文学之士，近远必至”，卓越攀行的清华附小教育英才也是“近远必至”。隔三差五地与真正的教育大家对话，接受贤人口授心传、指点迷津，精神的洗礼总让人心旷神怡。与教育教学研究中心的同仁并肩前行，在唇枪舌战与握手言和中产生创意；与理论背景深厚的一线语文教师研究教育，在山穷水尽与柳暗花明中不断超越。我问自己：我还需要什么？生活在一个让灵魂与心灵都能舒展和绽放的森林中，丰富的滋养已让我成为森林里健康、茁壮生长的一棵树。我真的庆幸——

一个40岁的教研员，不惑之时，南人北迁，挑战自我，亦是在“作茧”与“破茧”中作了果断的选择。

选择是痛苦的涅槃，敢于选择者才能在人生路上得到更丰富的修炼，在磨砺中得到生命的升华！

对生活的认识改变了，心态放开了，工作的状态、对事业的态度随之在变。

从前做教研员，只把眼睛盯在课堂上，认为做好参赛选手参加全国大赛的课，是我值得骄傲和自豪的；现在我认为把眼光盯在40分钟上，只能获得一节课的教学效果，只有把眼光放在学生一生的发展上，才能明白小学的使命是为聪慧与高尚的一生奠基。小学阶段，由无数的课堂组成，站在课程构建的视角上来对待人生，远大于一节课的收获。

至清华的我

做教研员的时候，我的眼光盯着语文学科，关注语文知识与能力的达成。如今我认为，当你眼中只有学科的时候，你看到的只是语文知识；当你眼中是孩子的整个生命时，你看到的就是整个世界。语文教学要走向语文教育！

做教研员的时候，我尤其注重

教学设计，也注重课堂的生成，那是教师引导学生“请跟我来”的过程，教师牵引着生长。如今我尤其注重课堂的生成、儿童的生长。课堂上，“儿童站在教育的正中央”！当我迷茫的时候，我就倾听儿童的声音；儿童与我同行的地方，总是离目标很近。

窦校长的主题教学更是直接影响着我对语文的认识。主题教学针对“工具性与人文性”割裂的问题，更针对单篇教学支离破碎、目标不清及教学方式单一的现实问题，以提升和培养学生的语文综合素养及核心价值观为目标，以语言的学习运用为载体，以鲜明的主题整合语文教学相关的课程内容和资源，整体推进语文教学改革，实现儿童语言发展、思维提升、精神丰富。

主题教学中具有“语文立人”“整合思维”“儿童立场”的教学思想，鲜明的立人理念，真正把儿童看成一个完整的生命体而不仅仅是一个认知体，把母语看成教育学意义上的母亲而不仅仅是工具。把儿童放在课堂正中央，成为我对语文教学深入思考的思想源泉。

这一阶段，我意识到，教育的根本目的是人，小学语文的教育对象是儿童，要让儿童回到生活本身。语文教育无论走向何方，走得多远，都不能忘记儿童，都应该基于儿童的生长，顺应儿童的天性。美国教育家杜威认为：教育即生长，教育即生活，教育即社会经验的改造。卢梭也认为教育不仅遵循儿童自然的生长，而且重视儿童的经验和与社会的相互作用。由此，教育要做的不是强行把一些东西（比如知识）从外面放到“人”这个容器里去，而是提供一个良好的环境，让人本来就存在的能力通过教师的引领最大限度地发挥出来。

教育绝不是强迫儿童去吸收外面的东西，而是要使人类与生俱来的能力——学习能力、模仿能力、思维能力和认知能力等得以生长。教育是生命与生命、灵魂与灵魂美好的相遇、浸润，它使生命可能性得以充分实现，灵魂得以充分觉醒，并走向美好的场所！著名教育家陶行知先生提出“生活即教育，社会即学校”，主张儿童的生活才是儿童的教育，要从成人的残酷世界里把儿童解放出来。

著名语文教育家刘国正先生更是旗帜鲜明地提出：语文要与生活相结合。

窦校长阅读量大，对生命的体验深刻，人文情怀浓厚，因此能够营造非常富有情境感的语言文字学习氛围。而我有多年教研员的经历，注重为教师提供较为规范的、易于操作的阅读教学课堂范式。主题教学给了我思想源泉，将它与我既往的经验结合，于是产生了“为生长而教”。

为生长而教，直接改变着我的课堂：生态的、绿色的、生长的课堂，在语言生长的同时，促进情感与思维的共生共长！

“老树长新芽，枯木又开花……”时间哪里去了？回眸，生命是一条长河，时间是其中的流。生命上游的任何经历都会在中游、下游以不同方式沉淀下来。

漫漫追寻，我是密密语林中，一棵生长的树！

辑二·生长之思：为生长而教

一棵树，扎根足下的土地，坚守生长的信仰。

土壤是它生活的养料，从根部到每一根筋脉，在静默里流淌、流淌。

拔节是它向上的姿态，从枝干到每一片绿叶，在阳光中欢笑、欢笑！

我喜欢树的意向，喜欢生长的姿态。

每一个学生都是一棵独特的树，在语文的天空中，他们都有属于自己的生长梦。教师要为他们提供怎样的生长土壤？在每一个拔节的季节，如何为他们助力？

没有理论的实践是浅薄的，没有实践的理论是灰色的。从教师到教研员，从中学到小学，从农村到省城到京城，独特的生长之路，逼迫我在课堂一线与理论研究中沉浮、翻滚，实践、反思、总结、提升，再实践、再反思……循环往复，语文在我心中由“小”而“大”，语文的认识落蕊又重芽！

“为生长而教”的理性思考

“为生长而教”，指的是尊重儿童的天性和前见，在生活化的听、说、读、写语言实践中，整合课内外资源，构建“文言共生”的生态课堂，在以发展儿童语言能力为核心的基础上，指向儿童思维、精神的同生共长。

“为生长而教”，以儿童的质疑为起点，以基于生活的整合为路径，在学生、教师、文本、生活的生态互动中，唤醒儿童对生命的体验，通过语言丰富、思维发展、情感共鸣，促进儿童个体生命的成长，“为儿童聪慧和高尚的人生奠基”（窦桂梅）。

我与窦校合影于清华附小校园

“为生长而教”的内涵阐释

指向生命

“为生长而教”，努力尊重儿童的独特感受，张扬其个性，提高其参与意识，体现窦桂梅校长提出的“儿童站在教育的正中央”。儿童不是无病呻吟，述说人云亦云的话语，而是用自己的情感和经验去体察文字，用文字内容的丰富打开自己，用思索的姿态在文字中穿行，用文字的诗心温暖和照亮自己，在与文本的每一次“相遇”中创造出更多“期遇”的场域。

“为生长而教”，为儿童提供生活化的情境和实践。我国教育家陶行知先生主张教育要同实际生活相联系。“为生长而教”的立论基础就是生活教育。在尊重儿童的天性和前见的基础上，让语文回归儿童生长经验，回归知识生成的本源。这里有两层意思。

第一层意思，为儿童提供生活化的情境。生活是儿童生长的土壤，活生生的生活是儿童成长的真实基础，教育要遵循儿童成长的规律和特点，就需要尊重儿童的生活前认知与体验。在“为生长而教”的课堂中，语言的体验、思维的碰撞、精神的体悟都是生活化的链接，需要与儿童的生长点建立链接。在生活化的情境中，教师寻找每一个儿童个体的生命节点，并将其与自己的生活对接。这样的教学，不再是一个语文课堂，而是一个寻找每一个儿童个体生命成长的过程。基于生活土壤的教学，都是在为每一个儿童的思维、精神生长拔节。就在这一阵阵拔节声中，儿童实现了创生意义的学习。

第二层意思，引导儿童回到生活的实践。儿童在与自身的生活链接过程中，实现创生意义的学习。基于此，教师要引导儿童回归生活，亲近实践。在开放的、多元的、动态的社会生活中，学生自选生活和学习的问题，开展探究和实践活动，在实践的过程中体验、感悟、升华自己的语文学习。通过学生自主的实践，感受鲜活的学习过程，体验实践活动的魅力，提高学生的创造性的能力和综合实践能力。语言的敏感来自生活，思辨的源泉来自生活，情感的体悟来自生活，价值的浸润还是来自生活。由此，在鲜活、多姿的生活土壤中，学生把对语言文字的感悟转化为积淀在内心的一种情感品质，一种精神气质。

“为生长而教”，立足生活的教育理念，始终坚持儿童立场。“儿童站在教育的正中央”的课堂有三层境界：把自己当儿童的课堂，是流畅的；把儿童当自己的课堂，是开放的；把儿童当儿童的课堂，是人本的。

第一层境界：把自己当儿童的课堂，是流畅的。课既要达到课堂目标，又要行云流水，教师课前一定要有精心预设，非但对教学内容，对儿童都要有相当的了解。这要求教师在解读文本的时候，不但有一定的高度、温度、广度、厚度，更需要时时把自己当成儿童，回忆自己做儿童时的心理或者体察这个年龄阶段的儿童心态。思考在阅读这个文本的时候，在什么地方会遇到什么样的困难，我将如何通过对话帮助儿童跨越这种困难。以己之心度儿童之心，才能切中儿童困难处之肯綮，然后辅之以脚手架，引导儿童“跳一跳，摘到桃子”。备课时，想儿童所想，才能精心预设，才能在课堂上顺利地引导儿童“重走自己的阅读之路。”（钱梦龙）此为生命性的第一层境界。

第二层境界：把儿童当自己的课堂，是开放的。把儿童当成自己，使自己时刻都有一种错觉——自己就是儿童中的一员，就是一名长大了的儿童。怀着慈悲，怀着一颗童心在课堂上与儿童对话，站在欣赏、体味儿童发言的立场，不仅听发言的内容，更倾听发言中所包含的心情、真实想法，不断去沟通与理解，努力与儿童心心相印。唯如此，儿童的学习才是生成的、动态的、开放的、不断建构新意义的过程。儿童才能保持主动、积极的学习状态，踊跃参与互动，把学习当作一种乐趣和积极情感体验的活动。如果课堂上教师没有真正参与儿童与文本之间的对话，那么无论是个体儿童与文本的对话，还是群体儿童之间的对话，都有可能停留于肤浅的层次。如果说，把自己当儿童的课堂强调精心预设，那么把儿童当自己的课堂，则强调了精彩生成。

第三层境界：把儿童当儿童的课堂，是人本的。把儿童当儿童的课堂，儿童站在课堂正中央。课堂并不强求学生表面的守规矩，而真正追求每一个儿童都依着节奏舒展释放，整个群体展现的是潜滋暗长的状态。上《乌鸦喝水》一课时，孩子提出的问题是：老师，为什么是乌鸦不是别的什么鸟呢？在成人看来，这也许是个明知故问的问题；在儿童看来，这却是他们脑袋中的真问题。我曾见过一位老师呵护儿童的创想，把问题还给学生，展开小组讨论。学生的思维开动起来，碰撞起来；学生的想象被放飞起来，释放出来：老师，长嘴巴的仙鹤嘴巴长，不用衔石子就能喝到水了，短嘴巴的麻雀就算放了很多的石子它也喝不到水，只有乌鸦，嘴巴不长不短，放了石子就可以喝到水。研究，从课内延续到了生活，一个学生在旅游中发现，茫茫沙漠中，除了乌鸦，什么鸟都看不见。一组学生查阅资料后还发现，这是一只从古希腊漂洋过海来到教材中的乌鸦，因为在古希腊的文化中，乌鸦就是智慧鸟。“横看成岭侧成峰”，选材、生态、科学、文化，从不同的角度赏析都能带来不同魅力的文本。把儿童当儿童的课堂，并不强调修剪后整体划一的园林态，因为真正追求的乃万物本源的自然态。把儿童当做儿童，课堂才能促进儿童自由、舒展地生长！

“文言共生”

“工具性和人文性的统一”是语文课程的特点。在具体的教学中，单纯强调“文”或者单纯肯定“言”都是不可取的，“言”是基础，“文”是深入的理解，“言文合一”才能达到“工具性和人文性的统一”，提高语文教学的质量与效率。

这里所谓的“言”，指的是文本中的语言（包括字、词、句）、文字，即构成文章基础的工具性训练；所谓“文”，指的是文本中所蕴含的作者的思想内容以及情感态度。“文言共生”是指在语文教学中，教师将对文本中的语言、文字的翻译与对文本的思想、态度的把握有机地融合在一起，让学生在感知中学习文本，达到为理解而教的教育目的。

在教学中，无论是关键词语，重点句子，还是题眼，都要突破一点——“言”，直插中心——“文”。抓住重点，精读深思，由点到面，带动全篇。“言文共生”课堂结构的特点是：从文本的字、词、句——“言”，寻找突破口，将整合后的文本中深刻而丰富的人文因素充分展现出来，让学生获得人文精神的熏陶和文化的浸染。如《伯牙绝弦》抓住“知音”一词，层层深入：解读“琴”，了解“琴”是伯牙和子期成为知音的基础；解读“情”，“情”是伯牙和子期知音的境界；解读“痛”，感悟“琴断音绝”是伯牙看待知音的意义。《琥珀》的突破口为文章的中心句“从那块琥珀，我们可以推测到一万年以前的故事的详细情形”，到底怎么“推测”呢？即把课文的前后两部分联系起来读，体会科学小品文的“严谨”。古诗《清平乐·村居》抓住题眼“醉”，从三个层次走进“言”——“醉在青青草的优美田园风光中”“醉在大儿、中儿、小儿的劳动与嬉戏中”“醉在翁媪的吴音相媚好里”，进而理解“醉”字表面是指醉酒，实质是指陶醉在恬淡美好的田园生活中，它包含了作者辛弃疾对农村和平、宁静生活的深情向往。如此调控教学，切得进，跳得出，联系密切，思路清晰；突出教学重点，在整合后的文本语言密林里徜徉，引导学生理解和掌握课文的重点，进而深入理解文本中作者的思想内容和情感态度。

构建生态

在语文课堂这个微观的生态系统中，教师、学生、文本等各生态因子应占有各自的位置，彼此自由、平等、合作，在充满生机与智慧的教学情境中，实现一种美的享受。构建生气的课堂是情境体验、互动合作、意义生成的结果。

情境体验。意为“人创造环境，同样环境也创造人”。因此，生长语文的课堂，有意识有目的地引入或创设具有一定情绪色彩的、以形象为主体的生动具体的场景，促使学生有情感地参与学习，引起儿童本身的态度体验，从而帮助学生理解文本、打开思维。情境体验因文本不同而设，相对于一个文本来说，是在一个对文本内容描述的整体大情境中去体验的。因此，情境体验贯穿课堂始终，让学生自始至终沉浸其中。如教《花脸》时，教师可以设置一个“童年男孩”放胆去闹的连环画情境：买花脸、演花脸、撕花脸，小男孩童年中的英雄情结，学生皆可在一连串的“放胆去闹”中体验、理解、思辨，进而上升为对童年的思考。

互动合作。意为班级授课面向群体，群体的合作共生是最基本自然的生长表征。课堂中师生关系是对等的，互动合作是语言理解、思维碰撞、情感交流的主要活动形式，互动合作的目的是促成彼此的生长。课堂中我常从以下环节展开教学：预学后的互动合作——初读收获，提出质疑；共学中的互动合作——强调重点难点，加深理解；生发性的互动合作——开拓思路，超越文本；延学后的互动合作——回到生活，加强运用。其中生发性的互动合作，更为注重课堂思考的生成。如执教科学小品文《琥珀》一课，了解了琥珀形成的条件、推测的过程之后，有学生提问：“蜘蛛和苍蝇在琥珀里是幸运的还是不幸的？为什么？”这个问题在学生小组互动合作碰撞后，出现了各异的回答："不幸的，因为它们被松脂包裹住，就死了。""它们挺幸运的，一万年以后还能看到它们的样子。""它们是幸运的，因为课文中说'成千上万的蜘蛛和苍蝇来了又走了'，说明生活中的蜘蛛和苍蝇生命短暂，而琥珀里的蜘蛛和苍蝇却获得了永恒的存在。"……"幸"与"不幸"，"一朝灿烂"与"遗展千年"，原本是一个宏大的哲学问题，因为儿童间高效的互动合作，促进了儿童潜意识中哲学意识的滋生，让课堂达到了另一个高度！

意义生成。"教学的意义理解根植于过程的流动性本质，而流动的教学则根植于语言，教学具有流动性和顷刻的意义生成性，这与语言和意义理解的随机性相关。"（石鸥）课堂教学的不确定性与教学设计的预设存在天然的矛盾。顺利、流畅的课堂教学严格来讲是不存在的，教学应该是一个开放的活动系统。教学内容是丰富的、开放的，需要不断根据儿童的兴趣和需要来调整，与时俱进。生长语文鼓励学生自主质疑，在课堂真实问题动态生成过程中，引导学生以自主合作等方式解决问题，激活学生潜在的问题意识和学习内驱力，以促进学生思维的发展和情感品质的提升。教学的基本流程是："学生质疑—师生共同梳理问题—共同探究解决问题—学生带着思考走出课堂"。

“为生长而教”的实践样态

在走进课堂上常态课、指导教师上参赛课、学习共同体上研究课时，我都把儿童生长放在首位，构建了“为生长而教”基本的实践样态：明“路标”——以文导言，确定生长的落点；寻“路径”——搭设阶梯，打通生长的血脉；连“路线”——整合生活，还原生长的情境。明“路标”是寻“路径”的基础，连“路线”是寻“路径”的通道。它们三位一体，共同呈现“为生长而教”的实践样态。

明“路标”——以文导言，确定生长的落点

生长最显著的特点是整体性，儿童作为完整的人，“工具性”中的语言、思维，“人文性”中的审美、情感、精神等语文素养，在一个儿童那里，是整体融合地生长的。语言与思维犹如硬币的两面，启动思维、运用语言时，人不是机器，总是带有当下的情感与精神，于是乎，“工具性与人文性”的共生是合一的，语言、思维、精神的生长是共生的。

仍以树为意象，打个不恰当的比方。如果说枝干的拔节、枝叶的茂密是树生长的“工具性”，树干的挺拔、树枝的盘错、绿叶的葱郁带给人审美的享受、精神的愉悦等是树生长的“人文性”，那么支撑起“人文性和工具性”共生的是“根”，“根”在语文课堂教学中就是“人文性和工具性”交融的落点。落点，在课堂上可以以“主

问题”群的形式呈现出来。

“工具性和人文性”本是融为一体的，为了说清楚问题，我以人教版六年级《跨越百年的美丽》为例，将这篇散文的“工具性和人文性”分开来解剖。

这是一篇赞美居里夫人的文章，节选自梁衡的同名散文。从“人文性”来说，散文表明了居里夫人的美丽不在于容貌，而在于心灵和人格，她为人类作出了伟大的贡献，实现了自己的人生价值，教师要引导学生感悟她的科学精神和人生价值。从“工具性”来说，要联系上下文，借助事例理解课文中含义深刻的句子，体会文中的哲理。所谓的“工具性和人文性”共振的落点，就应该是把理解含义深刻的句子的学习线路与体会科学精神、人生价值的学习线路合二为一，形成一条重叠的学习线路。

那么，拿到《跨越百年的美丽》一文时，该如何去寻找重叠的学习线路呢？首先要解读教材。有一位著名的数学家说过：“数学，要重走人类发展史的关键步伐。”迁移到“为生长而教”教学中，就是要重走作者构建文本的关键步伐。《跨越百年的美丽》一文的作者采用草蛇灰线写法的密码是什么呢？我边读边在书上做批注如下：

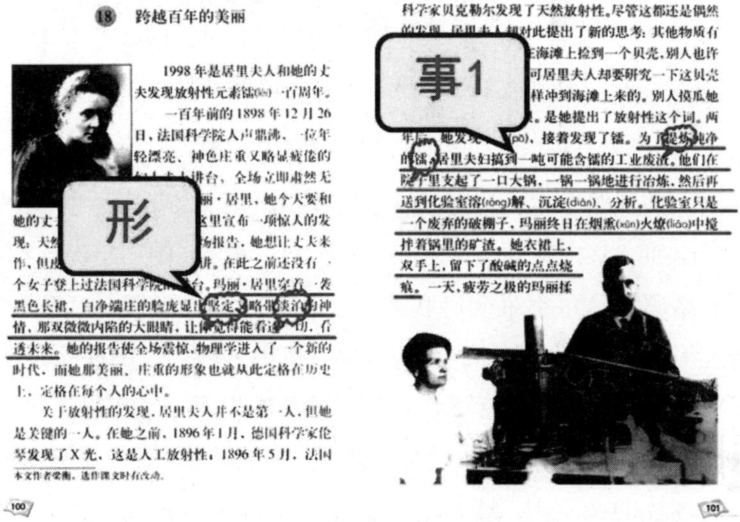
18 跨越百年的美丽

1998年是居里夫人和她的丈夫发现放射性元素镭(léi)一百周年。

一百年前的1898年12月26日，法国科学院人声鼎沸，一位年轻漂亮、神色庄重又略显疲倦的[illegible]讲台，全场立即肃然无[illegible]丽·居里，她今天要和她的丈[illegible]这里宣布一项惊人的发现：天[illegible]场报告，她想让丈夫来作，但[illegible]讲。在此之前还没有一个女子登上过法国科学院[illegible]台。玛丽·居里穿着一袭黑色长裙，白净端庄的脸庞显出坚定，略带淡泊的神情，那双微微内陷的大眼睛，让[illegible]能看透一切，看透未来。她的报告使全场震惊，物理学进入了一个新的时代，而她那美丽、庄重的形象也就从此定格在历史上，定格在每个人的心中。

关于放射性的发现，居里夫人并不是第一人，但她是关键的一人。在她之前，1896年1月，德国科学家伦琴发现了X光，这是人工放射性；1896年5月，法国

本文作者梁衡，选作课文时有改动。

100

科学家贝克勒尔发现了天然放射性。尽管这都还是偶然的发现，居里夫人却对此提出了新的思考：其他物质有[illegible]海滩上捡到一个贝壳，别人也许[illegible]可居里夫人却要研究一下这贝壳[illegible]样冲到海滩上来的。别人摸瓜她[illegible]。是她提出了放射性这个词。两年后，她发现[illegible](pō)，接着发现了镭。为了提炼纯净的镭，居里夫妇搞到一吨可能含镭的工业废渣。他们在院子里支起了一口大锅，一锅一锅地进行冶炼，然后再送到化验室溶(róng)解、沉淀(diàn)、分析。化验室只是一个废弃的破棚子，玛丽终日在烟熏(xūn)火燎(liǎo)中搅拌着锅里的矿渣。她衣裙上，双手上，留下了酸碱的点点烧痕。一天，疲劳之极的玛丽揉

101

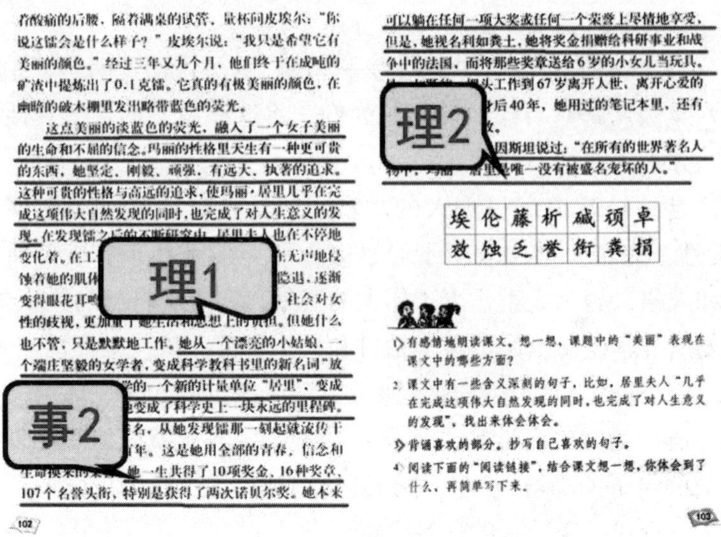

着酸痛的后腰，隔着满桌的试管、量杯问皮埃尔："你说这镭会是什么样子？"皮埃尔说："我只是希望它有美丽的颜色。"经过三年又九个月，他们终于在成吨的矿渣中提炼出了0.1克镭。它真的有极美丽的颜色，在幽暗的破木棚里发出略带蓝色的荧光。

这点美丽的淡蓝色的荧光，融入了一个女子美丽的生命和不屈的信念。玛丽的性格里天生有一种更可贵的东西，她坚定、刚毅、顽强，有远大、执著的追求。这种可贵的性格与高远的追求，使玛丽·居里几乎在完成这项伟大自然发现的同时，也完成了对人生意义的发现。在发现镭之后的不断研究中，居里夫人也在不停地变化着。在工[illegible]在无声地侵蚀着她的肌体[illegible]隐退，逐渐变得眼花耳鸣[illegible]，社会对女性的歧视，更加重了她生活和思想上的负担。但她什么也不管，只是默默地工作。她从一个漂亮的小姑娘、一个端庄坚毅的女学者，变成科学教科书里的新名词"放[illegible]学的一个新的计量单位"居里"，变成[illegible]她变成了科学史上一块永远的里程碑。[illegible]美名，从她发现镭那一刻起就流传于[illegible]百年。这是她用全部的青春、信念和生命换来的[illegible]。她一生共得了10项奖金、16种奖章、107个名誉头衔，特别是获得了两次诺贝尔奖。她本来可以躺在任何一项大奖或任何一个荣誉上尽情地享受，但是，她视名利如粪土，她将奖金捐赠给科研事业和战争中的法国，而将那些奖章送给6岁的小女儿当玩具。[illegible]头工作到67岁离开人世，离开心爱的[illegible]后40年，她用过的笔记本里，还有[illegible]。

[illegible]因斯坦说过："在所有的世界著名人物中，玛丽·居里是唯一没有被盛名宠坏的人。"

102

埃	伦	藤	析	碱	硕	卓
效	蚀	乏	誉	衔	粪	捐

1. 有感情地朗读课文。想一想，课题中的"美丽"表现在课文中的哪些方面？
2. 课文中有一些含义深刻的句子，比如，居里夫人"几乎在完成这项伟大自然发现的同时，也完成了对人生意义的发现"，找出来体会体会。
3. 背诵喜欢的部分。抄写自己喜欢的句子。
4. 阅读下面的"阅读链接"，结合课文想一想，你体会到了什么，再简单写下来。

103

尝试用思维导图来呈现：

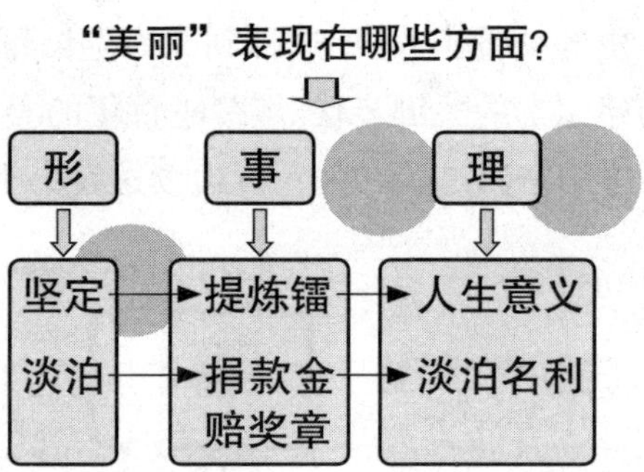

从思维导图发现，梁衡的这篇散文以"形"字开头，"形象"美关键句中的"坚定"和"淡泊"，分别对应的"事例"是提炼镭和捐奖金、赠奖章，每类事例后联结着含义深刻的"哲理"。"事""理"交错运用，全文绘形有神，传情有致，析理入微，收一种综合之美。

写法的"密码"破译了，对照思维导图发现，"工具性——文中含义深刻的句子"，就落在"人生意义"和"淡泊名利"所在的几段富有哲理性的文字中。于是，遵循作者的行文思路展开教学，整体感知环节，以“美丽表现在课文的哪些方面？”一问，引导学生寻找美，然后从“形、事、理”三个角度整理发现的“美”，抓住了全文的“神经中枢”。纲举则目张，学生在获得“工具性”训练的同时，自然就得到了“人文性”的滋养。

寻“路径”——搭设阶梯，打通生长的血脉

维果茨基的研究表明：教育对儿童的发展能起到主导作用和促进作用，但需要确定儿童发展的两种水平：一种是已经达到的发展水平；另一种是儿童可能达到的发展水平，表现为“儿童还不能独立地完成任务，但在成人的帮助下，在集体活动中，通过模仿，却能够完成这些任务”。这两种水平之间的过渡阶段，就是“最近发展区”。

搭设阶梯，就是在学生阅读文本的“最近发展区”上搭设“脚手架”，让学生在语言理解、情感体验、思维发展上得到提升。

搭在文本理解的困惑点

儿童受年龄、阅历和知识经验的限制，对文本的理解很难形成“一江春水向东流”的奔泻之势，往往在关键的节点上会陷入“山重水复疑无路”的困境。在学生的困惑点上搭“脚手架”，能促进学生的理解拔节。北师大版四年级的《月光曲》一课，要求学生通过贝多芬创作世界名曲《月光曲》的经过，体会他所具有的卓越才华和对劳动人民的同情心。通过“曲”理解“人”，是学生理解的难点。一位老师搭设了几个可以拾级而上的阶梯，引导学生走进贝多芬的内心。第一个阶梯：贝多芬究竟看到了什么、听到了什么，才激发了他的创作灵感？请学生注意结合描写兄妹俩对话、动作、神态的关键词句，默读批画。第二个阶梯:《月光曲》客观记录了贝多芬的所见所闻，其所思所想不见一字，但这不见一字的空白恰恰是《月光曲》形成的核心原因，抓住这一点引导学生思考：正因为看到了这些，听

到了这些，贝多芬胸中的感情才有如大海的波涛，由此，他会想到什么？结合背景资料写一写。（附背景资料：26岁时，贝多芬发现自己听力下降，他乐观向上，以顽强的毅力克服一切困难。31岁时，他创作了《月光曲》。）第三个阶梯：追问关于《月光曲》有好几个版本的传说，大家为什么相信这个传说？第四个阶梯：引入贝多芬的话："我为什么要作曲，因为我有许多想法要释放出来。""我的音乐是为穷苦人造福的，我做到了这一点，我是幸福的！"

这样的四个阶梯，是在对文本信息进行了提取整合后提出的，联系背景展开想象，走进贝多芬的内心，进而又从读者视角追问"为什么相信这个传说"，最后用贝多芬自己的话加深学生的理解。学生入情入境，在语言文字中与音乐家一起开始了一次精神之旅。

搭在学生思维的阻塞点

教学中，既要充分地预设、点准学生可能存在的思维障碍，又要在课堂进程中，去掉生成性的思维阻塞。《詹天佑》一课在一个个令人震撼的典型事件中，塑造了一个在责任面前临危不惧、忠于职守、具有坚定信念的时代人物。《詹天佑》是北师大版小学六年级的课文，高段的学生学习文本要"初步领悟文章基本的表达方法"，但学生对"典型事例"的理解，总是浅尝辄止。为了拨通学生的思维阻塞，一位老师在教学中进行了三"探"三"搭"。

一探，解"典型"

师：课文描写了三个事例，其实，修建铁路有很多事情要做——

生：哪里要开山，哪里要架桥，哪里要把陡坡铲平，哪里要把弯度改小，都要经过勘测，进行周密计算。

师：为什么不写这些呢？

生：因为这几件事与文中的三件事相比，就不典型了。

师：这就是典型事例。

二探，辨“典型”

师：既然是典型事例，我们就选择难度大的“开凿隧道”和“设计‘人’字形线路”两个事例，为什么写“勘测线路”呀？

生（讨论后小结）：勘测是设计和施工的基础，非常重要，这也是——典型事例，而且这三个典型事例还是按照修建顺序来记叙的，先写勘测，再写开凿和设计。

三探，明“典型”

师：詹天佑是中国的铁路之父，他一生修了很多铁路。（课件出示铁路名称）

生：唐山、新易、粤汉、沪嘉、洛潼、津芦、锦州、萍醴、潮汕……

师：为什么单单写京张铁路？

生（讨论后小结）：整篇文章的选材也是——典型事例。

通过三“探”三“搭”，学生不仅对詹天佑这一人物形象有更加丰满、丰富的认识，且对文章突出表达的“典型事例”有了深切的思考和体认。

搭在情感体验的空白点

罗曼·罗兰说：“从来没有人读书，只有人在书中读自己，发现自己或检查自己。”儿童，在与文本对话时，通过唤醒和共情，能激荡起文本与内心情感的共鸣。

或移情体验。北师大版二年级的课文《狮子和兔子》中，有个词语叫“又疼又痒”，教学中便从汉字入手，因为“疼”和“痒”，都是病字头，这感觉多不舒服啊。“平时你有过又疼又痒的感觉吗？”学生联系生活，唤醒自己打针、被蚊子叮、伤口愈合等“又疼又痒”的感受。回到文中，“你们了解红蚂蚁吗？”在学生交流介绍后，教师用语言描述：“的确，红蚂蚁咬人那么厉害。一只红蚂蚁咬得你很疼，一群红蚂蚁呢？咬得这里疼，那里疼，这里痒，那里痒，这就叫‘又疼又痒’。”

或补充资料。人教版四年级《那片绿绿的爬山虎》一课，联系“邀我做客”这件事理解叶圣陶先生“堪称楷模”的品质，可在文本空白处补充资料：“叶老到底对我说了什么呢？你们一定想知道吧。”通过补充当时叶老对我语重心长地说的原话，让学生深入感受叶老的亲切、平易近人、关心儿童成长，继而引导学生观察课文插图中的对联“得失塞翁马，襟怀孺子牛”，理解对联就是叶老人品的写照，加深学生对叶老的认识。

或情境想象。对于北师大版二年级《美丽的武夷山》一课，学生缺乏入诗入画的意境体验。可以创设情境想象，形成通感：“如果你来到武夷山，可以爬山，可以坐竹筏，也许你更愿意坐在竹筏上泛舟欣赏。”“抬起头来，仰望武夷山，它是一幅画，更是一首诗——”此时，可以把第 2 自然段变成诗行的排列，引读——

武夷山
造型奇特，
山势险峻，
有的像玉柱，
有的像火把，
有的像鲜花，
有的像竹笋。
最险的是大王峰，
从峰底向上，
有人工开出的石阶，
一直通向峰顶。

用不着跟学生解释诗有建筑的美、节奏的美、音乐的美，解释不清楚。就用想象、通感的形式朗读，“瞧，这美得多像一首诗！”再加上坐在竹筏上的体验，人好像与景融在了一起，整个世界变慢了，人似乎与山水融在了一起，思维似乎也静止了，好像融入诗、进入画了，这就叫做“入诗入画”。

搭设阶梯不是印证已知，而是在真实学情的需求下促进发展

教师所要做的，是走进儿童的内心，了解儿童的真问题，依据儿童的真实学情搭设阶梯。曾经看到一个关于《掌声》一课的教学片段：

师：请同学们默读第1自然段，思考一个问题：英子是一个怎样的孩子？

生1：我觉得英子是一个孤独的孩子，她每天上学一人来，还一个人晚晚地走，所以我觉得她很孤独。

生2：英子是一个寂寞的孩子，因为她总是默默地坐在教室的一角。

师：还有不同意见吗？

生3：英子是一个自卑的孩子，她得过小儿麻痹症，怕别人看到她走路一摇一摆的样子。

师：那她是一个怎样的孩子啊？课文里是怎么说的？

生4：英子是一个残疾的孩子。

师：很好，你是从哪读出来的？

生4：请同学们看第1自然段第3句话：“因为她得过小儿麻痹症，双脚落下了残疾。”

师：好！请同学们把相关的句子用横线画下来。

这是一个典型的低估学生前见，依据老师的想当然来搭设阶梯低于学生学情的案例。这样的现象在语文课堂中并不少见，也是产生低效语文课堂的主要原因。仍以《狮子和兔子》为例，从质疑入手，学生七嘴八舌地提出心里真正想问的问题：

生1：兔子为什么笑？他想让狮子明白什么？

生2：兔子如何帮助狮子的？

生 3：狮子以后还会不会发脾气？

生 4：狮子为什么不聪明些？

生 5：狮子跳进河里不怕淹死吗？

生 6：红蚂蚁为什么咬狮子？

……

学生的问题就是课堂的起点，老师应认真倾听学生的问题，辅之以肯定、点头。搭设的阶梯是发现学生问题的特点，并加以梳理和统整："你们多会提问题，有些问的是红蚂蚁，有些问的是兔子，有些问的是狮子。原来都是围绕着人物的表现去问个为什么。是呀，面对问题，狮子和兔子是怎么做的？让我们赶快走进故事吧！"

连"路线"——整合生活，还原生长的情境

"我们从儿童入学的最初几天起，就在他的眼前把通往周围自然界的迷人世界的大门关上了，于是，儿童再也听不到小溪潺潺的流水声，听不到春天融雪的滴水声，听不到云雀的歌唱声了，他只能在背诵关于这些美好事物的那些干枯乏味的、毫无色彩的句子。"（苏霍姆林斯基）语文课上，把语文知识当作最重要的内容，恰恰忽视了文本是源于生活、反映生活的，离开生活，文本就没有了灵魂，没有了血肉。

连"路线"，就是把生活的整个世界带进课堂，再把文本的所得放逐到生活中去！反应在课堂教学中，即儿童的直接经验、生活世界，是课堂教学得以进行的根基和源泉，是学生学习活动的起点和基础。生活的具体而生动是语文课堂教学具体而生动的源泉，打破书本世界与生活世界之间的界限，把生活世界中的教育资源与书本知识融会贯通，从而发挥直接经验和现实生活世界对于学生身心发展的积极而又独特的作用。

教学内容的生活性可体现在语文课堂教学的各个环节中——

引入，让生活冲进教室里来

设　境

“作者胸有境，入境始于亲。”上课伊始，让儿童从其他情境迅速地进入文本情境，教师需要把文本情境转化成形象的生活情境。比如，《搭石》的作者是农村作家刘章，其真实生活背景就是山区，那里有浅浅的溪水，天气凉了，农民要过水，搭石充当了最简易、可过水的垫脚石。这样的情景，如今的儿童很难见到。“儿童是运用形象、声音和色彩思维的”，开课伊始，我出示课文情境图，伴随着潺潺流水声，款款地介绍，运用插图、音乐和语言解说，把《搭石》的第 1 自然段转化成真实可感的生活情境，弥补了儿童对文本情境的陌生感，并为儿童感受理解下文搭石成为家乡一道风景扫除了障碍。

引　入

赞科夫说：“在课堂上跟教师、同学交谈自己的想法，和在校外偶然听到别人的谈论并不是一回事儿。如果真正的、广阔的生活冲进教室的门而来到课堂上，教室的天地就广阔了。”《杨氏之子》是人教版五年级的第一篇小古文，文言文的表达方式与现代相去甚远。课前引入，我从生活入手，用聊天拉开课堂序幕，把课堂变成生活的场，让儿童利用已有的生活经验，穿越时空，语文的学习变得生动活泼而有生命力。

打通，把生活和语文教学整合起来

在想象中整合

每一个儿童都有一对想象的翅膀，像绿山墙的安妮一样，林荫道是“白色的欢乐之路”，一棵普通的樱桃树是“白雪皇后”。12 岁以前是儿童想象力培养、生长的最佳时期。“形象大于思想！”语文教学最忌理性、抽象地说教。所以，动用儿童的想象力，是生长语文课堂中的常用手段。我在执教《望天门山》一课，教学生理解“两岸青山相对出”时，反复地动用儿童的想象力：“青山相对着出来干什么？”“孤帆奔谁而来？”“李白的心情怎么样”“远客、青山，四目相对，李白会对天门山说什么？”四个问题所引发的想象，层层推进，在物我相融中，让学生感受“一切景语皆情语”。儿童的想象力，其实也是一种思维，天马行空的酒神式的思维，是逻辑思辨的思维无法替代的。

在体验中整合

陶行知先生强调“在做中学”。的确，语句的美、情、味，只有通过切身地体会、感知、回味，才会丰富而深刻。在语文课堂中，我常常创设通感的生活体验情境，让学生有仿佛就在其中之感，形成“有我之境”，通过触摸、玩味，让语句的形象、情感立体丰富起来。在《搭石》的教学中，理解“每当上工、下工，一行人走搭石的时候，动作是那么协调有序！”一句时，课堂呈现了以下情境：

师：对，你这是联系下文理解了。让我们加入到走搭石的人群中，（指一组学生：前面的……后面的……前面的……后面的……）咱们合作着读一读。

师：（指这组问）你们现在走在哪？

生：搭石上。

师：不好走啊，走得不好要掉进水里，有信心吗？

生：有。

师：（引读）每当上工、下工，一行人走搭石的时候，动作是那么协调有序！前面的——

生 1：抬起脚来。

师：后面的——

生 2：紧跟上去。

师：（速度渐快）前面的——

生3：抬起脚来。

师：后面的——

生4：紧跟上去。

师：（速度再渐快）前面的——

生5：抬起脚来。

师：后面的——

生6：紧跟上去。

师：抬起脚来，紧跟上去，抬起脚来，紧跟上去，抬起脚来——紧跟上去——踏踏的声音，像——

生：（齐）轻快的音乐。

师：让我们继续走在搭石上，这边两组走前面，这边两组走后面。

师：前面的——

生（组1）：抬起脚来。

师：后面的——

生（组2）：紧跟上去。

（速度渐快，引读三遍）

师：没有人踩脚，没有人跌入水中，该是有人指挥吧，（生摇头）对，其实又没有人指挥，那么默契，那么有序，这样的动作就叫做——

生：协调有序。

这一段教学收到了课堂与生活相融的通感效果，“戏里戏外”，儿童似乎是在课堂上，但又实实在在地把课堂当成走搭石的小溪，走在搭石上。教师与儿童共同置身于生活的磁场，既各自感受，又互相感染，在彼此丰富情感的参与中，在配合的朗读中，完成了协调有序走搭石的心路历程，收到了文学审美的高峰体验。

在表演中整合

儿童是游戏的天使。在日常生活中，模仿、表演原本就是儿童的天性和一种常态的生活。他们常常把自己想象成童话中的人物，愿意模仿文本中的人物，并会加上自己的理解创造性地表达。而这种表达，反过来又加深了儿童对文本本身的理解与体悟。

教学《花脸》一课时，“演花脸”一段最能体现儿童放胆去闹的快乐，尤其是“我手握大刀，摇晃着肩膀，威风地走进客厅，憋足嗓子叫道：‘我——姓关，名羽，字云长。’”一句，读到此，男孩子早已跃跃欲试，情不自禁地加上动作。生长课堂里就是要及时、恰到好处地与儿童的天性合作，给他表演的情境。“谁来表演？其他同学能不能给推荐出来的这位同学提些建议，比如句子中的哪些字眼，怎么表现，怎么读？”台上有关公，台下有观众，关公表演，观众不住地点评：“摇晃着肩膀，才威风啊。关公啊，这肩膀摇晃的幅度还不够大！”“憋足嗓子，那个气势，又该是怎样的叫？”“京剧表演时还有吊眉、捋须的动作。”“这叫抓，这才叫‘握’！像我这样。”这放胆去闹的天性就应该用放胆去闹的课堂来还原。

在运用中整合

融入生活的词语教学能够让词语在儿童的大脑里活起来，欢蹦乱跳起来。帮助儿童借助词语来思考，反过来又促进儿童语言的发展。教学《搭石》时，理解了“一行人走搭石”“两个人面对面走搭石”“年轻人背老人走搭石”的不同画面后，我引导学生展开想象。

师：展开你们的想象，每天有多少人走搭石呀，假如怀抱着宝宝的妈妈来走搭石——假如——

这样利用生活经验的想象，已是内化了的情感的外部展示，儿童的所得是语言，又不仅仅是语言。运用，让语言、情感、想象力共生。

拓展，让语文回到生活里去

社会生活既是课堂教学的起点，又是课堂教学的归宿，课堂教学必须扎根于学生的现实生活世界。

阅读，应成为儿童的第一重生活。让儿童养成阅读的习惯，兴趣和动力就在课堂上被点燃、激发。《杨氏之子》结课时，我用了一大段话，从一篇到一本，引发学生把课堂中的得法，有效地引向课外的得益。“同学们，《世说新语》里有很多早慧孩子的故事，比如让梨的孔融，比如南昌有个孺子亭，是纪念徐孺子的。这些孩子长大了成为上流社会的名士，《世说新语》就是写上层名士的逸闻言谈的，这样的故事有2000多个。每一个故事都像《杨氏之子》一文一样，有一句或几句精彩的语言。所以，鲁迅对《世说新语》这样评价：生记言则玄远冷隽。……如果你有兴趣，可在课后翻阅《世说新语》（课件出示《世说新语》封面），里面有原文、注释、译文，相信你能看得懂，也会喜欢。”

多媒体的时代，电影、电视的媒体阅读也成为儿童跨不过去的又一重生活。引导儿童带着思考走进电影，走进同主题的其它篇目，让课堂的延伸增值。在学习完《花脸》一课后，我接着向学生推荐电影《美丽人生》，推荐小说《魅力》。

实践活动，将课程的边界引向课外，课外成为儿童必不可少的第三重生活。课堂教学源于实践，教师应注重唤醒学生的生命体验，引导他们建立学习与生活之间的联系。课堂学习最终还要回归实践，回到学生的生活世界。学完“秋天”单元中的几篇课文，积累了关于“秋天”的好词佳句后，我引导同学走出班级，在校园中、小区中找秋天、聊秋天。有了课堂中的“得法”，生活中的“用法”也变得自如。正是因为生活与学习之间建立了链接，在学生的眼中，身边的一切都充满诗意。

辑三·生长之舞：
课堂里的绽放

“赤橙黄绿青蓝紫，谁持彩练当空舞？”

持练，坐而论道不如起而行之；

行之，站在课堂里，站成一生的守候。

站在课堂里，思接千载、视通万里，用实践体悟杜威、卢梭、陶行知的观点；

站在课堂里，融入语文课改的大背景，在课改的滚滚洪流中激荡起伏；

站在课堂里，汲取着主题教学的思想精髓，在窦桂梅校长的耳提面命里自我修炼……

站在课堂里，倾听儿童天籁般的声音，回到教育的原点，与儿童共生！

《搭石》

我与文本的邂逅故事

2006 年 8 月，凉都贵阳，清爽怡人。

全国第五次阅读教学研讨会如火如荼地召开着。来自全国各省、市、自治区的教研员，即将参加第六届全国青年教师阅读教学大赛的老师们，正围绕“阅读课应该怎样上”展开热烈的研讨。研讨的焦点最终落在“语文教学的工具性与人文性”上。

崔峦老师《坚持工具性与人文性的统一，努力提高阅读教学的时效性》的发言，成为全国第六届青年教师阅读教学大赛的研究热点。

也就是在那次会议上，我作为江西的参赛选手，抽签上课。三、四年级的 60 多篇课文，哪一篇都可能成为我接下来两个多月与之耳斯鬓磨，甚至“为伊消得人憔悴”的磨课载体。

把手伸进课题箱的那一刻，我忽然觉得，“缘份”是多么的重要啊!

“四年级上册的《搭石》”，郑宇老师展开我手中的纸条说。

于是，我和《搭石》的故事就这样发生了。

全国第六届青年教师阅读教学课

我与文本的深度对话

语文教学，一棵常青的香樟树

——《搭石》课堂教学的实践及反思

“古豫章，今南昌”。香樟，是南昌的市树。在“无樟不村，无村不樟”的江西，村里最古老最常青的香樟被人们视为神灵。于是，在我的心里，与生命同行的语文教学就是江南名木中一棵常青的香樟树。香樟树——根基若磐，如语文的须根，扎在语言的土壤中；主干分明，如教学的思路，支撑在交错的枝条下；绿叶繁茂，如课堂的细节，精彩在圆润的树冠丛。这样的认识，在《搭石》课堂教学的研究实践中，得到了印证和升华。

一教："一朝悟罢正法眼"，扎正语文之根

香樟树的根粗壮、厚重，它对树的作用，不仅仅是吸收营养和水分，还决定了香樟就是香樟，具有独特的馥郁香气，而不是杨树或者柳树。语文教学也一样，应当凸显语文学科的本真，学"母语"习"母文"，根在"语言"。

《搭石》是农民诗人刘章写的一篇散文，截取了农村生活中几个非常平凡的镜头，文笔清新、意境秀美。捧读它，犹如一阵久违的清风拂过心头，我一次次被山民之间那种极淳朴、原生态的互爱互助的美感动了。这种美，在快节奏的城市里正逐渐消逝，是正在茁壮成长的学生急需的精神养料。感动着、思考着，在急于把这份精神养料浇灌在学生心田的激情的驱使下，我有了的第一次试教思路：

一、感知，认识搭石是一种渡水方式。

二、感悟，欣赏搭石是一道风景。

分别相机感悟一幅幅生动的画面：上了点年纪的赶路人调整搭石；一行人走搭石；俩人面对面溪边让路；年轻人背老人走搭石……

（主要方法：交流感受、想象补白、设境采访、链接写作背景、体验引读、拓展思考……）

三、感动，传递乡亲们的美好情感。

试教并不理想：虽然学生说得充分，但体会肤浅，体验空洞，体悟离"本"太远了。反思教学，呈现出了两个问题。

第一，精神养料没有浇灌在语言的"抓手"上，成了漂浮在水面的浮萍。"语言的抓手落在哪呢？"静下心，我在一遍一遍的朗读中品味语言，在咬文嚼字中揣摩文本，在品词析句中走近作者。最终确定，《搭石》的课堂教学，要把"一行人走搭石""两个人面对面走搭石""年轻人背老人走搭石"的画面定为感悟"一道风景"的句群抓手。同时以"年轻人背老人"的画面中"假如……也……"

的典型语言现象为句式抓手，来训练学生的想象和语言运用能力。

三幅走搭石的画面，又着重研读、感悟、品味那些对表情达意有关键意义的词语抓手，如："协调有序""清波漾漾，人影绰绰""伏""理所当然"等。就这样，《搭石》教学凭借语言的抓手，"从一个个词语、一个个句子开始构建或更新学生的言语世界，与此同时构建或更新学生的人文世界"。

第二，带有道德说教倾向的非语文活动，削弱了课堂的"语文味"。修改后的教学洗尽铅华，体现出对语言的理解、感悟、体验、品味、运用，重新回归扎实的"识""悟""读""写"。识字上，采用随文识字，把字放在句段中，既掌握"音、形、义"，更体会"情、道、境、彩"。感悟中，抓住重点画面，顺学而导，运用创设情境等多种方法自然而巧妙地理解重点词语的意思，引导学生"抓住重点词语，想象画面"，体会它们在表情达意方面的作用。读书上，采取多种方法指导朗读，注重了对朗读过程的指导；采取边读边思考边圈划的方法练习默读。练笔上，课堂给了充足的时间，把它放在学生已经对文本有了深入的体会后，水到渠成地实现语言与情感的共振。

二教："遵路识斯真"，确定课堂枝干

香樟的树干笔直，一分为二、二分为四，一路长去，形似东坡的书法，圆润俊秀，又中规中矩；神如语文课堂的教学思路，主次分明，环环相扣，步步深入，或做铺垫，或埋伏笔，相倚相生，浑然天成。

二教《搭石》，语文味浓厚了，新的问题又涌了出来：点太多，容量大，把课文上"肿"了；点与点之间如一盘散沙，形散神也散。如何找到一个能牵动全文的支点？如何达到文路、教路、学路的和谐统一？如何形成一种充满合力的学习板块？在反复的斟酌、研讨中，几位做课的专家依据《搭石》的课堂教学目标，对教学内容进行全面整合，科学预设教学环节，使得课堂教学循序渐进，浑然天成。于是，有了《搭石》教学的"三个一"：

一个巧妙的切入点

在与文本深入对话后，把搭石的画面解读为“调整搭石”和“走搭石”两类。本节课以“走搭石”为切入点，不仅是因为“走搭石”中含着“看得见的美”和“看不见的美”，更重要的是符合学生的阅读兴趣和阅读期待，可以把文路、教路和学路有效地融合在相得益彰的点上。

一条清晰的教学主线

在初读课文后，先让学生了解什么是搭石，再以课文中的关键短语“家乡的一道风景”为线索进行教学设计。“一线串珠”“一词经纬”，回旋复沓的阅读方式牵动重点段落2—4自然段的阅读品析，最后引导学生尝试说写，转化运用。从感受看得见的景美，到感悟看不见的情美、人美，到抒写心中的美，整堂课的教学就是“发现美”“寻找美”“感受美”“抒写美”。

一种立体学习的板块

每一板块的学习“简单”，但学习的目的并不“单一”，学习的收获并不“单薄”。在学习中，将读准字音、读懂词句、体验语言的画面、体验美好的情感有机地融合在一起，让学生经历体验、感悟的过程，读出美的画面、美的语言、美的心灵，较好地实现了“工具性和人文性的有机统一”。立体还表现在每一板块学习间的层层深入上：在学习“一行人走搭石”的过程中，正音、理解词语是第一层面，想象画面是第二层面，读出意境是第三层面。在学生经历了辨别正音、辨析词义、情境接读、想象画面之后，又推出一个音乐诵读的情境语场，让他们在渐入佳境的碰撞中品味语言，熏陶情感。

三教：“一枝一叶总关情”，研究教学策略

盛夏的香樟树冠最为广展，浓绿的叶片郁郁葱葱，仿佛每一片绿叶上都有一个新的生命在跃动。在课堂的树冠上，点点滴滴都是浓绿的叶片，坚持教学细节的精雕细琢，就能引领学生更深入地走进文本，更深刻地领略“潜伏在语言深处”的语文的美。

《搭石》教学中有两个“新桃换旧符”的教学策略，我在反复的历练实践中，对它们的认识也更深了。

“树木”与“森林”的关系

“只见树木，不见森林”是崔峦老师多次指出的课堂教学问题，上《搭石》以前，我以为自己对这句话理解得比较透彻，然而在《搭石》的课堂实践中，在感悟“一行人走搭石”“青年人背老人走搭石”两个重点的语段方面，我处理得比较孤立，一味地引导学生就句论句地感悟景美人更美。这种唯“美”，抛开了课文第 1 自然段以及两个语段前后的一些句子，而这些句子涵盖了搭石的方便、搭石在山乡的重要性、搭石走起来不那么容易等信息。学生只有理解了这些，有了这样的知识背景，才能丰满地建构走搭石景美情更美的意境。鉴于此，在认识了什么是搭石后，教学中增加了这样的环节：

（1）如果没有搭石，家乡的人们怎么过小溪呢？谁也用课文中的句子来说一说？

（2）指生说。（山洪过后，人们出工、收工、赶集、访友，来来去去，必须脱鞋绾裤。）那就是说，如果小溪里没有搭石，人们出工就必须——脱鞋绾裤；收工就必须——脱鞋绾裤；赶集就必须——脱鞋绾裤；访友就必须——脱鞋绾裤。一句话，人们来来往往都必须——脱鞋绾裤。

一次又一次的脱鞋绾裤啊，你们体会到了什么？（麻烦、不便、辛苦）

（3）不便、麻烦甚至是辛苦，那还大多是在夏天啊，到了秋天，天气变凉，家乡的人们就必须靠搭石过小溪了。了解了这些，我们再来读读什么是搭石。（生齐读——）

也鉴于此，在与学生合作轮读一行人走搭石的语段前，有了这样的师生对话：

师：（指这组问）你们现在走在哪？

生：搭石上。

师：不好走啊，走得不好要掉进水里，有信心吗？

生：有。

改后的教学，加强了对这些文字的处理，使“搭石”的美在学生的心中，不只是一棵“唯美”的树，更是丰满的“林”中立着的美丽的“树”。

“文”“意”“象”的关系

很多网友把“协调有序”的词语教学称为“词语教学的经典”。其实，“协调有序”的词语教学经历了一个“磨”的过程，我最大的收获是对“文”“意”“象”关系的深刻认识。“协调有序”最初的教学设计是：

（1）在你们的理解中，“协调有序”是什么意思，谁来说一说？

（2）生活中你见过协调有序的情景吗？

（3）文中的“协调有序”又是一幅怎样的画面呢？我们自由地再读一读这两句话，边读边抓住重点词语想象画面。

反思教学效果很重要，因为学生对“协调有序”的理解一直是抽象的、理性的，生活中“军乐团的协调有序”“大雁南飞的协调有序”的意境与文中情境相去甚远。学生感悟文本的意义情感，需要历经一个“呈于象、感于目、会于心”（叶燮）的过程。“呈于象”，就是将语言文字通过内心的视像转化为鲜明可感、有声有色的画面。“感于目、会于心”就是到画面中去感受、去体验、去想象，在“言、象、意”的水乳交融中，达到语言与情感融为一体，共构同生。因此，才有了以下的课堂实践：

师：你们从哪儿体会到这幅画面的美呢？

生：我从“协调有序”体会到美。

师：怎样的动作才是协调有序的呢？

生1：就是很有顺序，配合得很好。

师：这是从字面上理解，放到句子中再想想。

生2：就是“前面的抬起脚来，后面的紧跟上去，踏踏的声音，像轻快的音乐”。

师：对，你这是联系下文理解了。让我们加入到走搭石的人群中，（指一组学生：前面的……后面的……前面的……后面的……）咱们合作着读一读。

师：（指这组问）你们现在走在哪？（生：搭石上）

师：不好走啊，走得不好要掉进水里，有信心吗？（生：有）

师：（引读）每当上工、下工，一行人走搭石的时候，动作是那么协调有序！前面的——（生1：抬起脚来）后面的——（生2：紧跟上去）（速度渐快）前面的——（生3：抬起脚来）后面的——（生4：紧跟上去）（速度再渐快）前面的——（生5：抬起脚来）后面的——（生6：紧跟上去）抬起脚来，紧跟上去，抬起脚来，紧跟上去，抬起脚来——紧跟上去——踏踏的声音，像——（生齐：轻快的音乐）

师：让我们继续走在搭石上，这边两组走前面，这边两组走后面。

师：前面的——（生组1：抬起脚来）后面的——（生组2：紧跟上去）

（速度渐快，引读三遍）

师：没有人踩脚，没有人跌入水中，该是有人指挥吧，（生摇头）对，其实又没有人指挥，那么默契，那么有序，这样的动作就叫做——（生：协调有序）

师：原来这样的动作就叫做——（生：协调有序）

从字面理解，到联系上下文体会，学生对“协调有序”的触摸还停留在“文”上。学生与老师反复合作读“前面的——‘抬起脚来’，后面的——‘紧跟上去’”，与走搭石形成通感，身临其境地体会“抬起脚来，紧跟上去”的和谐，体会没有人踩脚，没有人跌入水中的默契，这既体现出对语言的揣摩，又渗透了人文的浸润，很好地利用“象”这一中介，完成了“文”和“意”的转换。

我与儿童的课堂相遇（实录节选）

［评点著名特级教师王玲湘《搭石》一课，也为了自己的学习提高而评。列宁说：“谁轻视理论，谁就将受到惩罚。”我怕挨他老人家打屁股，于是就想在评点中，宣传些理论（心理学的，课标的，语教法的等），让年轻教师学有所悟——“原来是这样。”］

课前交流

师： 昨天咱们已经见了面，还记得我姓什么吗？喊我一声。

生： 王老师。

师： 男同学们喊我一声——

男生： 王老师。

师： 够洪亮的，女同学们亲切地喊我一声——

女生： 王老师。

师： 谢谢同学们。知道我从哪儿来吗？

生： 江西。

师： 江西和湖北是邻居，还是一衣带水的邻居，这水指的是——

生： 长江。

师： 是呀，我们是非常亲密的朋友。看我这位朋友带来的几张照片，（出示自己在滕王阁的照片）知道这是哪儿吗？

生：（异口同声）黄鹤楼。（众笑）

师：是挺像的，不过，这是我的家乡——南昌的滕王阁，和你们武汉的黄鹤楼一样，都是江南三大名楼之一。

（先后再出示“八一”起义纪念塔、秋水广场的月牙形喷泉，师生交流）

师：我是第一次来武汉，谁能给我介绍一处武汉的景色？

生1：我建议王老师去田汉大剧院，武汉人有一句话：不到田汉，终生遗憾。（众笑）

师：为了不遗憾，看来我得找个时间去田汉大剧院。

生2：我觉得王老师应该去黄鹤楼，那是李白送别孟浩然的地方，很多诗人在那题了诗，很值得去看。

……

师：是呀，为家乡骄傲！

[点评：由江西，进湖北；从滕王阁，到黄鹤楼，而武汉，而田汉大剧院——为的是一句话：“是呀，为家乡骄傲！”真够可以的，这一招可学。]

情境导入，揭示课题

师：（出示情境图）同学们看——（潺潺流水声）这个小山村是作家刘章爷爷的家乡，他的家乡是个美丽的地方。（轻音乐起）那里有连绵起伏的山峦，有郁郁葱葱的树木，还有一条清澈见底、潺潺而流的小溪。但作者每每忆起家乡，觉得最美的还是家乡的搭石。这节课，就让我们一起去感受那平凡而美丽的搭石。

师：看老师板课题。

（生看师板课题）

师：齐读课题。

生：搭石——

[点评：为什么要提醒学生看老师书写课题呢？目的有二：(1)把学生的注意力引向“课题”，为下一教学小环节教师说的“想一想什么是搭石”做个准备。教育心理学中，这叫“注意指向”。(2)看老师怎样把字写得端正无误，如若课题中有生字的话，则更应提醒学生看。]

整体感知，初识搭石

师：请同学们翻开书的第103页，自由读课文，注意读准字音，读通句子。想一想什么是搭石，搭石给你留下了怎样的印象，听明白了吗？

（生自由读课文长达3分多钟）

师：刚才同学们课文读得很认真，你们知道了什么是搭石吗？谁用课文里的句子来说说？

生1：进入秋天，天气变凉以后，家乡的人们会根据水的深浅，从河的两岸找来一些平整方正的石头，按照二尺左右的间隔，在小溪里横着摆上一排，让人们从上面踏过，这就是搭石。

师：你找得真准，注意不要添字，是“天气变凉”，你再读。

（生再读）

师：如果没有搭石，家乡的人们怎么过小溪呢？谁也用课文中的句子来说一说？

生2：山洪过后，人们出工、收工、赶集、访友，来来去去，必须脱鞋绾裤。

师：“绾”是个生字，什么意思呢？

生：卷起来的意思。

师：那就是说，如果小溪里没有搭石，人们出工就必须——

生1：脱鞋绾裤。

师：人们收工就必须——

生2：脱鞋绾裤。

师：人们赶集就必须——

生3：脱鞋绾裤。

师：人们访友就必须——

生4：脱鞋绾裤。

师：一句话，人们来来往往都必须——

生：脱鞋绾裤。

［点评：以上这一教学片段，用宋丹丹的话说，“那是相当的好！”可算是“以词入篇”的经典案例。连用五个“脱鞋绾裤”，学生烦吗？不烦的啊，学生正可由此体会到“总要脱鞋绾裤，家乡的人过小溪就很不方便”了，“很辛苦”了，“很麻烦”了——高，实在是高！］

师：一次又一次的脱鞋绾裤啊，你们体会到了什么？

生1：我觉得总要脱鞋绾裤，家乡的人过小溪就很不方便。

生2：我认为会很辛苦。

生3：还会很麻烦。

师：不便、麻烦甚至是辛苦，那大多还是在夏天啊，到了秋天，天气变凉，家乡的人们就必须靠搭石过小溪了。了解了这些，我们再来读读什么是搭石。

（生齐读“进入秋天，……，这就是搭石”）

师：读了课文，搭石给你留下了怎样的印象？

生1：我觉得有了搭石，人们过小溪就很方便了。

师：不错，这种渡小溪的方式给人们带来了方便。

生2：搭石一块接一块地铺在水里，我觉得很美。

师：你体会得很细腻。

生3：我觉得搭石很难走，走得快才容易保持平衡，走得慢就容易掉进水里。

师：他说的意思，家乡有一句俗语，叫做——

生:“紧走搭石慢过桥”。

［点评：人到醉时知酒浓，难处见水平啊！你看，生 1、生 2 正顺着说“很方便了，很美”时，突然杀出个程咬金“生 3”，说什么“我觉得搭石很难走……容易掉进水里”。要是我在教，可真要被他搞得“掉进水里”了。王老师可能会水，只见她心眼儿一动，趁机让学生读文中的另一句，“紧走搭石慢过桥”，这被轻巧地化解了。］

师: 你们说得都不错，和作家刘章爷爷的心是相通的，课文的第 2 自然段有一句写搭石的很美的句子，找一找。

生: 搭石，构成了家乡的一道风景。

（师相机板书）

［点评：此处，既可作为“整体感知，初识搭石”这一教学大环节的小结，也可作为下一大环节的“起子”。］

围绕风景，自主寻美

师: 想不想一起去欣赏这道风景呢？就让我们跟随着刘章爷爷，跟随着家乡的人们一块去走走搭石吧。

师: 请大家静静地默读第 2—4 自然段，用波浪线画出家乡的人们走搭石的相关语句，再想一想那是一幅怎样的画面。

（生静静地默读、圈划，2 分钟左右）

［点评：很明显，如标题所说，在这一教学环节中，老师给出一段时间让学生“自主学习”。这里，说几句：王老师不是一味追求“朗读”，此处是要求“静静地默读”。默读有助于思考，也比朗读用时少。我们一定要晓得，培养学生的独立阅读能力，指的是“默读”能力。从教学意义上说，朗读是手段，而非目的。有个别青年教师对此不理解，提出否定意见，我看要不得。最近，我说“朗读教学生病了”，其意是说中、高年级的“有感情地朗读”过度了，是到收

敛的时候了。中、高年级，尤其是高年级，适当地向“默读”倾斜，大有好处。——对这个话题，我将坚持大声叫喊，即使扛出大师的旗帜，我也敢撞！]

深入体会，品味搭石

师： 我看到很多语句上被画上了美丽的波浪线，咱们依顺序来交流交流。

生： 我找的是“每当上工、下工，一行人走搭石的时候，动作是那么协调有序！前面的抬起脚来，后面的紧跟上去，踏踏的声音，像轻快的音乐；清波漾漾，人影绰绰，给人画一般的美感。”

师：（课件出示语段）你找的是这幅画面。（“行”变红）这是一个多音字，读什么？

（生中有的读 xíng，有的读 háng）

师： 意见不统一呀，想一想：体育课上，体育老师常叫我们排成很整齐的一队，叫做排成——

生： 行（háng）。

师： 这些在搭石上行走着的人叫——

生： 一行（xíng）人。

师： 齐读两遍。

（生读）

师： 这还有几个词语，谁再读一遍？（“协调有序、清波漾漾、人影绰绰”变红）男生们来。

（男生读一遍）

师：“人影绰绰”要读准确，女生们读。

（女生读一遍）

师： 你们从哪儿体会到这幅画面的美呢？

生： 我从“协调有序”体会到美。

师： 怎样的动作才是协调有序的呢？

生 1：就是很有顺序，配合得很好。

师：这是从字面上理解，放到句子中再想想。

生 2：就是“前面的抬起脚来，后面的紧跟上去，踏踏的声音，像轻快的音乐”。

师：对，你这是联系下文理解了。让我们加入到走搭石的人群中，（指一组学生：前面的……后面的……前面的……后面的……）咱们合作着读一读。

［点评：对“协调有序”一词，王老师满足于字面意义上的理解吗？不，因为她心里很清楚，在特定的语言环境中，词义是有所指的。唯有把词语置于“环境”中，才能对特定的语言有所理解，对该词语运用之得当才有所悟。母语学习得益于语言环境。我们必须坚持“在具体的语言环境中理解词语”这一词语教学原则。］

师：（指这组问）你们现在走在哪？

生：搭石上。

师：不好走啊，走得不好要掉进水里，有信心吗？

生：有。

师：（引读）每当上工、下工，一行人走搭石的时候，动作是那么协调有序！前面的——

生 1：抬起脚来。

师：后面的——

生 2：紧跟上去。

师：（速度渐快）前面的——

生 3：抬起脚来。

师：后面的——

生 4：紧跟上去。

师：（速度再渐快）前面的——

生 5：抬起脚来。

师：后面的——

生6：紧跟上去。

师：抬起脚来，紧跟上去，抬起脚来，紧跟上去，抬起脚来——紧跟上去——踏踏的声音，像——

生：（齐）轻快的音乐。

师：像——

生：（齐）轻快的音乐。

师：让我们继续走在搭石上，这边两组走前面，这边两组走后面。

师：前面的——

生（组1）：抬起脚来。

师：后面的——

生（组2）：紧跟上去。

（速度渐快，引读三遍）

师：没有人踩脚，没有人跌入水中，该是有人指挥吧，（生摇头）对，其实又没有人指挥，那么默契，那么有序，这样的动作就叫做——

生：协调有序。

师：原来这样的动作就叫做——

生：协调有序。

［点评：我敢说玲湘老师一定很熟悉“劳动号子”的，于是她才会这么成功地把它移植到这里的阅读教学中来——她在无形地指挥着学生，按着“号子”般的节奏，带着他们踏石过溪。

是啊，学语文为什么就不能这么有趣呢？在这里，孩子们的心里充满着愉悦！在这里，“生命教育”的色彩，一片绚烂！

我不由想起已故特级教师斯霞（南京）的“祖国”释词教学片段，那可是我国小语界公认的经典片段。

经典，可以是严肃的，却不拒绝精彩——王玲湘此例，是也！］

师：体会得好。你们还从哪儿体会到画面的美呢？

生：我从“清波漾漾，人影绰绰”体会到画面的美，我感受到水波和人影都很美。

师：“绰”是生字，课前大家查了字典吗？

生：查了。

师：遇到不认识的字查字典，这是学习的好习惯。它在字典中有三种意思。（出示）

> 绰：A. 宽；不狭窄。
> B. 宽裕；富裕。
> C. 形容姿态柔美。

师：想一想，“人影绰绰”的“绰”是什么意思？

生：我认为是“姿态柔美”的意思。

师：不错，还有一个词语叫“绰绰有余”，“绰”又是什么意思？

生：是“宽”的意思。

师：是吗？你知道“绰绰有余”这个词语的意思吗？

生：就是很宽。

师：（微笑地）老师告诉你，“绰绰有余”不是“很宽”的意思，而是“很宽裕，用不完”的意思，现在知道是什么意思吗？

生：我觉得是“宽裕；富裕”。

师：理解了吗？（生点头）那么“清波漾漾，人影绰绰”在文中描绘的是怎样的画面？想一想。

生1：我好像看到水清得可以看见水底的石头，一阵风吹来，水面漾起了波纹，人影倒映在水面上，美丽极了。

师：体会得真形象，你是在用想象来丰富，用心来体会这两个词语，这种方法值得大家学习。

师：你还想来描绘一下？说吧。

生2：我仿佛看见清清的溪水漾起了粼粼的波纹，姿态柔美的人影倒映在水中，像画一样。

师：听你这么一描述，我感受到了水光、人影两相和的美！像画一样——（打开手势）请读读这两个词语。

生 2： 清波漾漾，人影绰绰。

师： 你的朗读把我带到了画前，谁能把大家带进画里呢？

师：（指举手的生 3）你来读。其他同学闭上眼睛，想象画面。

生 3：（声情并茂地）：清波漾漾，人影绰绰。

师： 身临其境吧？

（生点头）

师： 还有想读的，全班一齐读。

（全班读）

师： 水波在轻轻地荡漾呀，再读。

（全班再读）

［点评：看到了吗，王老师此时的"解词释义"教学，换了一种手法——想象。"想象"在课标里是个亮点，虽然课标强调用在作文教学中，但此处王老师也恰到好处地运用着。］

师： 真美！这既像是一幅美丽的画，又像是一首清丽的小诗，你看——

（点击变成诗的语段，音乐起）

每当
上工
下工
一行人
走搭石的时候
动作
是那么协调有序
前面的
抬起脚来
后面的
紧跟上去
踏踏的声音

像轻快的音乐
清波漾漾
人影绰绰
给人
画一般的美感

师： 谁来读？读出诗一般的韵律美。来，咱们推荐一位同学吧。

（全班同学推荐一生读，生读毕，台下响起热烈的掌声）

师： 同学们，刘章爷爷在大山里工作了 13 年，每年都有 200 多天走在搭石上，他常常看到这样的情景，读——

（生齐读）

师： 刘章爷爷在搭石上一遍遍走，一遍遍数，一天走上 62 道，一共踏过了 166400 多道搭石啊，他怎能忘记这样的情景，读（诗变回文中的语段）——

（生再次融情朗读）

师： 是呀，这一行人在搭石上走出了音乐美、画面美，这的确是家乡的（指板书）——

生： 一道风景。

[点评：小学教师队伍中，女性居多，年轻女教师居多。每当我为她们义务批阅教案、论文，兴之所至时，我会情不自禁地直呼她们“丫头”。

冒昧呼一声“玲湘这丫头”，可真有创造性啊！刚踏石而过，又改文成诗。由散文而诗歌，以更为优美的文学形式，导引着孩子去领略“一道风景”，去感受“一方风情”。

玲湘，你犹如一株婀娜的湘竹，长在那小溪旁。]

师： 一行人走搭石是美丽的风景，如果有两个人面对面地走搭石，又是怎样的情景呢？谁来读读文中的句子？

生： 如果有两个人面对面……（略）

师：能谈谈你对这幅画面的感受吗？

生：我觉得家乡的人能够互相谦让。

师：好一个谦让，你读懂了文字里含着的美。男同学们，一起感受这份美。

（男生们齐读“如果有两个人……”）

师：那么“青年人”和“老人”来走搭石，又是怎样的情景呢？

生：假如遇上老人来走搭石，年轻人总要伏下身子背老人过去，人们把这看成理所当然的事。

师：你会带着问题读书，这有个生字（课件中“伏”字变红），齐读三遍。

生：fú fú fú。

师：这个句子读一遍是不够的。你们再读读，读着读着，有的词语会让你的心头轻轻一颤，你就抓住它，多读几遍。

（生自由地读几遍）

师：哪个词语打动了你？

生 1：“理所当然”打动了我，家乡的人觉得这是应该这么做的。

师：有你的读书体会，还有其他的吗？

生 2：我觉得“伏”字打动了我。

师：是的，每个同学都有不同的读书体验。我们先来看看“伏”，“伏”是什么意思？

生：就是“弯”的意思。

师：我们再看看这个“伏”字，什么结构？

生：左右结构。

师：左边——

生：一个人。

师：右边——

生：一条犬。

师：在甲骨文时代，“犬”是一种人类崇拜的象征，弯得是那样恭敬，是那样心甘情愿啊，（展示“伏”字从甲骨文到篆书到楷书的字理变化过程）我们的祖先就这样造了“伏”字。

师： 现在我是那位老人，谁来做年轻人？请个小伙子。

（一男生上台）

师： 请你做做“伏”的动作。

（男生深深地弯下身子）

师：（手搭生的肩）你真是老年人的知音，这样，老人就能轻而易举地趴在你的背上，舒舒服服、安安全全地过小溪了。

师：（扶起年轻人）到了对岸，你需要老人向你道谢吗？

生： 不需要。

师： 为什么？

生： 因为我们家乡的人都习以为常了，把这看成是理所当然的事。

师： 多好的年轻人，（问另一位同学）老人没有向年轻人千恩万谢，年轻人会生气吗？

生： 不会。

师： 为什么？

生： 因为人们把这看成是理所当然的事。

师： 听了你们的回答，我就在想哪，当这位老人年轻的时候，他一定也曾经（指课件文字）——

生： 伏下身子背过其他的老人。

师： 因为（指课件文字）——

生： 人们把这看成是理所当然的事。

师： 当这位年轻人老了的时候，也一定会有——

生： 年轻人伏下身子背他。

师： 因为——

生： 人们把这看成是理所当然的事。

师： 透过这个“伏”字，你看出了什么？

生： 尊老爱幼。

师： 是尊老还是爱幼呢？

生： 敬老。

师：你们的这份美好情感也是（指板书）——

生：家乡的一道风景。

师：透过这一代又一代人的“理所当然”，你们又看出了什么？

生：家乡的人一代一代都是这么做的。

生：家乡的人十分的谦让，十分的淳朴。

师：我注意到你的发言中有两个“十分”，那也就是说，这种行为已经积淀成山村淳朴的乡风、民风。景美情更美，这更是家乡的——

生：一道风景。

师：让我们捧起书，读课文的第3、4自然段，再次去感受走搭石的美。

（生读课文的第3、4自然段。）

［点评：我欣然发现，王老师具有高超的串联课文文句的本领，算是“王氏一绝”。从这里（“实录”）的上下文字看，玲湘老师巧妙地串联着课文中的词语文句，导着孩子走向精神世界，实现“工具性与人文性”的完美统一。］

激发想象，练习表达

师：展开你们的想象，每天有多少人走搭石呀，假如怀抱着宝宝的妈妈来走搭石——假如——

生1：假如胆小的孩子来走搭石。

生2：假如拿着行李的外乡人第一次走搭石。

生3：假如回娘家的妇女走搭石。

师：假如……假如……谁总会……，人们也把这看成是理所当然的事呢？发挥你的想象，先想一想，再说说你心中的假如吧。

（生发挥想象想）

师：咱们来交流交流。

生1：假如遇上年幼的孩子来走搭石，大人总会用强健有力的手抱起孩子过搭石，人们把这看成是理所当然的事。

师：你的想象真丰富，还用上了文中的关联词“假如……总会……”，这真是一道令人难忘的风景！

生2：假如遇到扛着一大包行李的外乡人来走搭石，年轻人一定会接过他的行李，扛在自己的肩膀上，还会提醒外乡人“紧走搭石慢过桥”。

师：淳朴的民风已经在你心中播下了种子，这真是一道感人的风景！

生3：假如有残疾人来走搭石，家乡的人会脱鞋绾裤，不顾水凉，小心翼翼地扶他过搭石。

师：这真是一道联结人们美好情感的风景！还有很多的假如……

［点评：教学渐近尾声，可高潮又起，落幕前依然精彩：让学生“想象”书中未描述到的人物，他们走“搭石”时人们会怎么做。这仅仅是情境想象吗？不是，这同时是学生对已内化了的情感的外部展示。玲湘，学生想象的“丰富”，便是对你教学成功的回报。珍惜着吧！］

总结，预告下节课内容

师：也许有一天，这里会架上桥、通上路，也许有一天，搭石在家乡会永远地消失了，但是家乡的人们走搭石的美，会永远地留在我们每一个人的——（生齐说心头）

师：搭石上还有哪些看得见的美？还有哪些看不见的美？作者又是怎样表达这些美的呢？你们课后思考。这节课就上到这，下课。

寄语玲湘

我不认识你的过去，
可分明相遇在“搭石”，
“一道风景”中有你。

我从不屈尊，把谁
奉为偶像，
但我真的羡慕着你——

正是青春年华时，
生命光芒，
直至夕阳红。

福建特级教师　黄浩生

我与师友的观点碰撞

努力体现“工具性与人文性”的唯一

《搭石》做到了凭借语言文字理解内容，体会感情，注重体会重点语句的作用和表达效果，在此过程中不仅让孩子们学习了语言，同时对孩子们进行了人文熏陶。《搭石》抓住一行人走搭石、两个人面对面走搭石、背老人走搭石的三部分文字，读出了美的画面，美的情境，必然体会到景的美，人的美，人与自然和谐的美，体味到语言的美。这样，语言、情境、人文内涵全都有了。无需贴标签，道德的力量积蓄在学生心中，语言的魅力萦绕在学生脑际。

——全国小语会理事长　　崔　峦

建构“最短程”，语言情感共生

作者之所以对家乡的搭石情有独钟，是因为家乡的人们在搭石上走出了“情”，走出了“爱”，走出了山民们的美德，走出了乡亲们的美好情感。文中“走搭石”的情景，自然是“重中之重”，故王老师没有拘泥于课文的原有顺序，揭题不久就引领学生直奔课文的第 3、4 自然段，这样就与学生建构了一条优化认识课文的“最短程”。别具匠心的设计，使整个教学高潮迭起，精彩不断。

如何使“工具性和人文性”得到和谐统一，王老师的这堂原汁原味的语文课在操作层面上为我们提供了一个良好的范例。学生通过深情诵读、品读感悟、多维互动，不仅感受到了语言文字的魅力，同时也受到了情感的熏陶。

——省特级教师　　李　再

关注言语现象，引导感悟应用

1. 字理识字，渗透母语文化。对文中“伏”字的处理，王老师是把“伏”字放在句段中，待学生读准字音，有了初步的体会后，运用字理，既掌握“音、形、义”，更体会“情、道、境、彩”，学生由此深化了对“伏”的感悟，也深化了对祖国母语文字表意特点的了解。

2. 想象写话，实践语言运用。从学习语言的心理看，理解和运用是两个不同层次的学习水平。课堂的想象练笔，把它放在学生已经对文本有了深入的体会后，水到渠成地达到语言与情感的共振。

——省小语专家　　王瑞源

画一般的语文教学

教师在课堂上构建了一个强大的语文文化场，这个场有着巨大的磁力，是学生一切学习的原动力，在这个场中，语言文字变成了一幅幅生动的画面。学生在这些画面中真正体会到了什么是“家乡的一道风景”。

——网友　　群　山

里程碑式的指导

如果小学语文有一个类似 NBA 名人堂的名课堂的话，这堂课应该位列其中。它对一线教师的指导意义是里程碑式的。课堂教学涉及对文本的解读、对语言现象的关注和取舍、对资源的合理运用、对母语文化的渗透、对第一课时的定位、对语言潜信息的把握、对“工具性和人文性的统一”的理解等，这堂课为我们树立了标杆。

当然还为全国的教研员树立了榜样。

——网友　游戏语文

《灰雀》

我和文本的邂逅故事

2008 年 4 月的南昌，草长莺飞，万木葱荣。

忽然接到崔峦老师的电话："王玲湘，今年八月，全国第六届语文教学研讨会要召开了。我们讨论了很久，决定这一次的引路课由你来给第七届的赛手们上。这一次要上两个完整课时，务必体现年段特点。"

除了被人教社深深的信任感动，剩下的就是满满的压力。

几次与崔老师商量后，我把课题定为三年级上册第五课的《灰雀》。因为三年级是中段的起点，上好《灰雀》一课对如何既体现年段特点，又搭好承前启后的"桥"，具有研究意义。

备课的过程，并不比参加全国大赛轻松。因为要体现年段特点，体现第一、二课时的划分，体现常态的扎实，我的灵感在锁定的框框中，一次一次痛苦地夭折。

5 月，崔峦老师和陈先云老师亲临南昌。我们坐在百花洲小学的教室里听课、研究，他们耳提面命地指导："学习概括主要内容，学习人物对话的方式要落下来，对话中体会人物的心理活动要形成整体情境……"

慢慢的，思路打开了，方向明确了，《灰雀》开始在枝头上婉转地歌唱。

我和文本的深度对话

《灰雀》是人教版三年级上学期第二组的第一篇讲读课文。本组安排了《灰雀》《小摄影师》《奇怪的大石头》《我不能失信》四篇课文，讲的都是发生在名人身上的平凡小事，通过具体的事例展示了名人在平凡的小事中不平凡的一面。

《灰雀》讲的是苏联伟大革命领袖列宁与男孩、灰雀之间的一个富有童趣的故事。故事从两条线索展开，明线是写列宁喜爱灰雀，寻找灰雀，又见灰雀，文中对灰雀的语言描写形象、生动；暗线是列宁寻找灰雀遇男孩，巧妙教育男孩知错就改。暗线才是文章的主旨，主要通过对话展开和推进。一个是寻鸟的伟人，一个是藏鸟的孩子，听了男孩吞吞吐吐的回答，列宁已经推知孩子在撒谎。面对天真的孩子，列宁没有批评，没有指责，没有说教，有的只是耐心、得体而又巧妙的感染、启发，使男孩内心受到震动，认识并改正了自己的错误。列宁的做法既达到了教育男孩的目的，又不伤害男孩的自尊心，体现了伟人对儿童的尊重和呵护。

《灰雀》放在名人故事一组的第一篇，教学以“感受名人”为主线。在教学资源上，可链接回顾二年级下学期课文中的名人，认识单元导语插图中的名人，引发阅读期待；学文后延伸阅读列宁和其他名人的故事，为后几篇课文的学习打下基础。

联系本组教材，可看出编排本课的意图是：通过对人物语言和神态的描写体会人物的心理活动，从而体会列宁对男孩的呵护。所以，“通过人物的神态、语言，体会人物的心理活动”，既是本课的重点，又是本课的难点。

“要充分有效地读书，让学生把书读出意、读出形、读出味、读出神。”因此在本课的教学设计中“读”贯穿始终——“初读”“默读”“品读”“研读”“拓读”。读的层次势如剥笋，读的形式灵活多样，范读、分角色读、创设情境读……

“小疑小进，大疑大进”。本课教学充分预设学生读文本后的问题，引导质疑，寻疑导教，使得教学的重难点得以突破。

基于以上思考，《灰雀》的课堂教学设计成以下若干板块，做到环节简约，方法简便，训练务实，力求让学生在经历“简实活效”的听说读写中，读平凡故事，悟名人品质，体现“简简单单教语文，扎扎实实求发展”的基本理念。

课堂指导学生读《灰雀》

我与儿童的课堂相遇（实录节选）

课前交流

师： 课前咱们一起来回忆名人故事，回忆这些了不起的大人物。这是谁？（依次出示《难忘的泼水节》《数星星的孩子》《爱迪生救妈妈》《蜜蜂引路》的课文插图）

师：我们再来认识几位名人（出示17页单元导读插图）这些都是了不起的名人，老师带着你们认识这些名人。

教学过程

第一课时

名人为引子，导入

师：在《蜜蜂引路》中，我们已经认识了——(出示列宁图片)这是谁?

生：列宁。

师：(出示资料袋）列宁是苏联伟大的革命领袖，他创建了俄国共产党，领导十月革命取得胜利，建立了第一个社会主义国家。

师：今天我们学习发生在列宁身上的另外一个小故事——

生：《灰雀》。

师：看老师板课题。雀，上面是一个变形的小，下面是一个“隹”，“隹”就是短尾巴的鸟。

师：见过灰雀吗？（课件演示三只灰雀）看，这就是灰雀，它的体形比较小，羽毛的颜色丰富，叫声悦耳。跟它们打个招呼吧——亲切地——

（生读课题）

疏通为基础，初读

师：让我们一起按要求读读这个故事。

（课件出示要求：1. 读准字音，读通句子。2. 标上自然段的序号。3. 想一想：课文写了一件什么事？）

（生按要求读课文）

师：同学们读得特别认真，字音读准了吗？句子读顺了吗？

（出示三个句子）

师：这三个句子里面藏着课文里的所有生字，读好可不容易，谁来读读第一句？然后女生们读第二句，男生们读第三句。

师：老师把生字组成的词语请出来。谁会读，就当小老师，带着大家读。

（一生带读“白桦树”）

师：看，这就是白桦树，高大、挺直，树干上还有像眼睛似的节。

（一生领读“胸脯”）

师：注意“脯”读第二声。胸脯在哪儿，拍拍自己的小胸脯。

（生拍胸脯）

师：这两个字有什么特点？

生：都是月字旁。

生：还是形声字。

师：在古代，月大多数是“肉”的变形，与身体器官有关的字很多都有月字旁，我们一起找找。

（老师做动作，指脸，脖子，背，胳膊，腰，腿，脚等，学生说出相应的部位。出示“婉转”。生读）

师：“婉转”在词典上有两个意思。（出示两种意思）课文里的“婉转”指什么？应当选第几种呢？

生：第二种。

（出示“面包渣”。生读）

师：生词读准了，还记得第二个要求吗？（出示自读要求）全文共有多少个自然段？

生：13 个自然段。

师：课文讲了一件什么事呢？不急，这篇课文有好几个自然段的开头，都是表示时间的词语，我们一起来找一找，圈一圈。

（学生找的词语有“有一年冬天”“一天”“第二天”）

师：这三个时间，把课文分成了三个部分。老师请三名同学分别来读这三部分。其他同学，仔细听，认真想：在每一个时间里，发生了什么事？

（出示填空）

有一年冬天，列宁看见__________________。

一天，一只______的灰雀________________，列宁遇见了______，并与他交流。

第二天，列宁又看到____________________。

（生每读完一个部分，概括一层意思，课件逐条出示答案）

师：这篇课文说的是什么事呢？

（同桌互说，指名说）

师：我们根据时间把课文分成了三部分，读懂了每部分的意思，再把三部分的意思连起来，就是课文的主要内容。

词句为关键，品读

观察图画，引导说话

师：课题是“灰雀”，（出示课文插图）你看到了怎样的三只灰雀呢？谁能用一个词语说一说？

生1：活泼的。

生2：可爱的。

生3：伶俐的。

品读词句，感受“灰雀”

师：课文中是怎么写这三只灰雀的呢？默读第一段，找找描写灰雀的语句，划下来。

（指名读）

（课件出示“公园里……惹人喜爱”一句）

师：怎样的三只灰雀呀？用一个四字词语，就是——

生：惹人喜爱。

师：你喜欢三只灰雀的什么呢？再自由读一读。

生：我喜欢灰雀来回跳动。

师：这叫动态。咱们来想象一下，这三只灰雀，（手势）一会儿从这边的树枝跳到那边的树枝，一会儿从——

生：那边的树枝跳回这边的树枝。

师：这边——

生：那边。那边——

生：这边。

师：这就是——在树枝间来回跳动，这真是——

生：惹人喜爱。

师：继续交流。

生：我喜欢灰雀婉转地歌唱。

师：抑扬顿挫、变换着调子，咱们一块来听。（播婉转的鸟鸣声）一会儿高，一会儿——（生：低），一会儿短，一会儿——（生：长），像唱歌一样，这就叫——（生：婉转）谁来读一读这样的叫声？

（几名同学读）

师：谁能读得让别人仿佛看到了这三只灰雀？

（两名同学读）

师：老师读，你们闭上眼睛，像放电影一样，在头脑里出现灰雀的颜色、动态、声音。（配乐读）

（生齐配乐读）

自主品读，感受“列宁爱灰雀”

师：课文的第 1 自然段，除了写灰雀的样子，还写了什么？

生：列宁喜欢灰雀。

师：课文中哪些句子能看出来？

（生读）

师：你从哪些词语看出列宁非常喜欢灰雀呢？

（生交流）

师：（引读）寒冷的冬天，四周光秃秃的，三只灰雀给公园带来了生机——（生读句）在公园散步的列宁，正在养病，三只灰雀呀，给列宁带来了快乐——（生再读）。

指导写字

师：观察田字格中的生字，按间架结构可以分成哪几类？

（左右结构、上下结构、半包围结构）

师：生字重新排起了队，你发现了什么？注意每个字左边、右边的占格位置。

（重点指导："低"注意下面的"点"不要漏掉；"步"注意下面不要多加点；"或"的斜钩、点）

（学生分类练习写字，并反馈写字情况）

第二课时

分类读词语，巩固

师：上节课，我们读了课文，学习了生词。现在来考考大家，课文的这些词语，你们认识了？（分行分色出示词语）

（指名读，生齐读）

师：这些词语重新排序了，你发现什么了？

生１：第一行与灰雀有关。

生２：第二行与列宁有关。

（男女生穿插读）

师：分类记，我们记得牢，用得准。

对话为重点，研读

师：通过上节课的学习，我们还知道列宁非常喜欢这三只惹人喜爱的灰雀，他经常来到白桦树下仰望，一天，列宁走到白桦树下，发现什么了？

生：灰雀不见了。

（女同学齐读课文的第 2 自然段）

师：第二天，列宁来到白桦树下，又发现什么了？

生：灰雀回来了。

（男同学齐读课文的第 11 自然段）

师：读到这，（指板书）你有什么问题吗？

生 1：灰雀去哪了？

生 2：灰雀怎么又回来了？

师：要解决这两个问题，我们先默读课文的第 3 — 10 自然段中列宁和男孩的对话。你们用波浪线画下列宁说的话，横线画下男孩说的话。

（生默读课文）

师：带着你们提出的问题，听老师读列宁和男孩的对话，边读边想。

（师读对话）

师：灰雀哪去了呢？

生 1：被男孩抓走了。

生 2：被小男孩藏起来了。

师：男孩为什么把灰雀放回来了呢？

生：受到了列宁的启发。

师：怎么受到了列宁的启发呢？让我们来体会体会。女同学们，你们读列宁的话，男同学们读小男孩的话。

师：我们一块来到白桦树下，唉，那只胸脯深红的灰雀不见了，列宁看见一个小男孩，就问——（女生读）

师：找遍了，也没有找到，列宁心里怎么样？

生：焦急。

师：读出焦急来。这时，列宁看见一个小男孩，就焦急地问——

（女生焦急地读）

师：男孩说——

（男生读"没……没看见。"）

师：男孩为什么回答得吞吞吐吐呢？

生 1：因为男孩明明藏了灰雀。

生 2：因为他撒谎了。

生 3：我觉得男孩心里有鬼。

师：列宁明白了，于是他走到小男孩跟前，"小男孩，明明是你把灰雀藏起来了，快把它交出来吧。"列宁是这么说的吗？

生：不是

师：列宁是怎么说的？

（女生读“一定是飞走了或是冻死了。……”）

师：从列宁的这句话中，你听出了什么？

生：列宁担心灰雀。

师：读出你的担心。

（女生读）

师：列宁还说了什么？

（女生读“列宁自言自语地说：‘多好的灰雀呀，可惜再也飞不回来了。’”）

师：你们又听出了什么？

生1：列宁很关心灰雀。

生2：列宁感到惋惜。

师：多好，可惜、关心、惋惜都在其中了。我就是那个小男孩，你们想想怎么说能打动我，谁来读一读？

（生深情地读）

师：咱们一起再来读一读，读得可以打动这个男孩。

（全班深情读）

师：同学们，列宁明明知道灰雀是被男孩捉走的，他对小男孩，有批评吗？

生：没有。

师：有指责吗？

生：没有。

师：列宁有的是用话语和爱鸟的情感打动男孩、感染男孩、启发男孩。所以，当列宁问：“会飞回来？”孩子是肯定地说——

生：一定会飞回来！

师：同学们，知道这时候，小男孩心里在想什么吗？

生1：我明天把他放回来，跟列宁说我不应该把灰雀捉走。

生2：列宁多么喜欢这只灰雀，我一定要把灰雀放回来。

师：你们都明白了，独自藏起来是喜欢，放归自然更是喜欢，男孩也是很喜欢灰雀的。同学们，老师把你们体会到的句子放在屏幕上，你们有什么发现吗？

（课件出示：男孩肯定地说："一定会飞回来！"

"一定会飞回来！"男孩肯定地说。）

生：前后不一样，但意思一样。

师：还有什么发现吗？

生：第一个句子，说后面是冒号。

生：第二个句子，说后面打句号。

师：当我们深入理解一个句子的时候，对话也可以这么呈现。

（出示没有提示语的对话）

师：没有提示语了，你们分角色读一读，还可以加上动作演一演。

（两人一组演，让孩子们推荐一组上台，老师旁白，生读对话）

问题为抓手，练笔

师：看，那只胸脯深红的灰雀果然回来了，列宁看看男孩，又看看灰雀，微笑着说——

（生读"你好，灰雀……"一句）

师：读到这，你有什么问题吗？

生：灰雀又不会说话，列宁为什么问它呢？

师：多会提问啊，咱们同桌讨论一下。

（同桌讨论）

师：说说你们小组讨论的结果。

生1：列宁不想伤男孩的自尊心。

生2：怕男孩说不出来话。

师：你们都感受到了，列宁是爱男孩的，列宁对男孩的爱含着理解和爱护。带着这样的理解，我们再来读读这段话。

（生读"列宁看看男孩……"）

师：孩子们，如果灰雀会说话，它会说什么？选择一种句式，写下来。

（课件出示：1. 灰雀说：“______________________”

2. “______________________”灰雀说。）

（生写）

师：多少同学用了第一种，多少用的是第二种？

生1：昨天小男孩把我捉去了，现在它又把我放了，您就不要说它了。

生2：列宁先生，您好。

师：多有礼貌。

生3：昨天小男孩把我捉走了，他给了我很多面包渣，请您放心，他不会伤害我的。

生4：昨天他把我抓走了，他很好地招待了我，但我对他说，大自然才是我的家，请不要斥责他。

板书为参照，升华

师：（指板书）课文学到这，你又读懂了什么？

生1：列宁喜欢那只胸脯深红的灰雀，小男孩也喜欢灰雀。

生2：列宁也喜欢小男孩。

师：列宁、灰雀、男孩，这是一幅多么和谐美好的图画。

读物为纽带，拓读

师：还想了解列宁吗？

生：想。

师：老师给你们带来了一个列宁小时候的故事。

（生读《斗鹅》）

师：这篇文章讲了一个什么故事？

生：列宁小时候和大鹅斗的故事。

师：从这个故事看出列宁是什么样的人？

生1：勇敢。

生 2：列宁爱护图书。

师：课后可以读一读列宁的故事。

（出示第三组导读图片）

师：我们还可以找一找这些大人物的故事，读一读。这节课就上到这。

我与师友的观点碰撞

[本堂课，教师综合学段特点、单元目标和教材文本的特点，遵循小学语文教学规律，较好地体现了“简简单单教语文，扎扎实实求发展”的基本理念。学生在学习过程中学得主动，学得轻松，学得有兴趣。教学设计可圈可点之处很多，撷取三点与各位老师共同学习。]

由扶到放，指导得法

教学过程中，教师关注年段特点，着力培养学生自主学习的能力，指导方法匠心独运。譬如，在初读课文环节，教师请学生自由朗读课文，读准字音，读通句子，标上自然段的序号，并想一想课文写了一件什么事。学生按要求读课文后，教师需要指导学生初步概括课文主要内容。对于刚跨进三年级的学生来说，这是一个难点。教师精心设计了“方法引路，扶放结合”的步骤，循序渐进，效果良好。第一步，引导学生“这篇课文有好几个自然段的开头，都是表示时间的词语，我们一起来找一找，圈一圈”；第二步，依据时间把课文分成三个部分，指名读每一个部分，以填空为拐杖，启发学生思考：在每一个时间里，发生了什么事；第三步，鼓励学生尝试把三部分的意思连起来，说课文的主要内容。学生在“三步”引领下学会了抓关键词，连句归纳课文主要内容的方法。

以学定教，品味词语

词语是语言最小的有意义的单位，细读文本，就是要带领学生“沉入词语”，通过和学生一道品味词语运用的精妙，感悟文本的核心内容。本堂课，教师尊重学生的认知特点，从引导学生体会灰雀“惹人喜爱”入手，先帮助学生解决第一层面“灰雀何处可爱”的问题。学生通过阅读、思考，扣住关键词语，具体交流灰雀的颜色——“深红”“粉红”，动态——“来回跳动”，声音——“婉转地歌唱”等特点，在品味词语的过程中读懂灰雀的可爱。教师语言生动形象，应用创设情境、想象触摸的策略引导学生“化话为画”，历经“读进去”“想起来”的过程。其次，教师引领学生在“抓关键词”理解的基础上，自读自悟，相互交流，通过品读“每次”“都要”“经常”几个关键词语，感受列宁言谈举止中表现出的对灰雀的喜爱之情。有了前一个环节的铺垫，学生学以致用，从语言中读出文本的内涵，为他们今后的语言学习奠定了基础。

质疑启思，读中感悟

“学启于思，思启于疑”，创造往往从质疑开始。突破教学重点环节，教师充分地考虑学生的心智特点，抓住列宁和男孩的对话，聚焦“列宁对男孩的呵护”，质疑启思，读中感悟，以悟促读，润物无声。教师从“引导发现”切入，从两个关键句“一天，列宁走到白桦树下，发现什么了？”和“第二天，列宁来到白桦树下，又发现什么了？”中提出问题：“灰雀去哪了？”“灰雀怎么又回来了？”问题的提出激发了学生的研读兴致。有了疑问，如何解决？教师进一步应用“再读对话”的方法，创设情境，启发思维，让学生带着“灰雀哪去了呢？”的问题自读、思考、交流。接着教师创设情境，和学生一道从文本的字里行间体会列宁的心情。入情入境地用多种方法朗读实践，如导读、师生分角色读、同桌分角色读、全班情境朗读……使学生的感悟得到了进一步升华。教师顺学而导，较好地营造了民主、平等、愉悦的学习氛围。

江西省教研室　徐承芸

我和徐承芸老师合影于南昌

《伯牙绝弦》

我与文本的邂逅故事

2008 年的初秋，赣江边的茶楼，透过长长的落地窗，“落霞与孤鹜齐飞，秋天共长天一色”的盛景一览无余。

我和几位县区教研员，几位语文教学路上的朋友，在后茶馆式的聊天中，不约而同地聚焦到文言文教学的现状：老师往往偏颇一边。有的陷入只见“章句”的泥潭——逐字逐句翻译，逐个字句落实——教法呆板单调，课堂气氛沉闷，掐灭了学生学习文言文的热情火花；有的沉浸于渲染“清议”的讲堂，关注诗句中的情感、价值观，关注人文内涵，大量拓展，无度开掘，课堂虽激情飞扬，但学生云里雾里，语言根基不牢，学完后，读不好也背不下来；有的课堂，为了增加学生的兴趣，大量地播放动画片，围绕某一观点展开辩论，大讲故事，课似乎热闹非凡，但文言文应有的古韵古味被破坏了。

文言文的“文字”是语文的根本，“文学”是“文章”的高级表现形式，而不论是“文字”“文章”还是“文学”，都可以是“文化”的载体和内容。文言文，到底该如何上呢？

大家怂恿我给老师们做一课，当即翻教材，又不约而同地喜欢千古流传的知音佳话《伯牙绝弦》。

对文言文的研究，从《伯牙绝弦》开始。

我与文本的深度对话

《伯牙绝弦》是千古流传的至交典范故事。故事荡气回肠、凄美绝伦，千载传诵不衰。曲好不厌百回唱，有关此文的教学，前人之述备已。“知音”一词多被解读为“得知音之喜”“失知音之痛”，我以为不足以道出伯牙和子期的知音精髓。总在想，管仲与鲍叔牙的“管鲍之交”，郑少谷与王子衡的“生死之交”，角哀与伯桃的“舍命之交”，为什么都不及伯牙与子期的友情震撼心灵呢？

久读，愈读愈生敬畏之心。短短的77个字，蕴含着丰富的内涵：宫廷乐师、文人雅士俞伯牙，与山野樵夫、平民百姓钟子期，身份相去甚远，地位相差太大，两个本没有交集的人，却因为古琴联系在一起，他们“一个善鼓”“一个善听”。若仅于此，倒也可以理解，音乐比语言更抽象，它能跨越民族与国界，沟通心灵。但“所念”“必得之”，况且伯牙和子期是“志”同道合。茫茫人海中，懂我者几人？

伯牙“志”趣何在呢？不在小桥流水、卿卿我我、高官俸禄……而是“志在高山”“志在流水”，此高山、流水，特指的是泰山、长江，也就是说伯牙的情操像高山一样屹立于天地中，心胸像大海一样奔腾于宇宙间！此胸怀、此情操，非等闲之辈能理解。这就是诸侯大夫听了，挥着手说弹得什么呀，太嘈杂了的原因。可贵子期一山野樵夫，却能脱俗，拥有大情操与大胸怀，听得出伯牙的心思。志向同高远，心灵竟相通的知音境界，岂是其他故事人物能媲美的？子期去世，伯牙伤心欲绝，伯牙的琴，失去了存在的价值。子期已逝伯牙弹琴，又有何意义呢？到此，荡气回肠的故事结束了，而知音的意义与精神召唤才刚刚开始。

我与儿童的课堂相遇（实录节选）

课前交流

师：课前咱们先聊聊，有积累四字词语的习惯吗？关于描写“山”的四字词语，你们知道哪些？描写“水”的四字词语呢？

（生回答略）

师：“仁者乐山，智者乐水”，含“山”和“水”的诗句，老师这也收集了一些，我们一起来读。

黄河远上白云间，一片孤城万仞山。

——《凉州词》王之涣

两岸猿声啼不住，轻舟已过万重山。

——《早发白帝城》李白

会当凌绝顶，一览众山小。

——《望岳》杜甫

无边落木萧萧下，不尽长江滚滚来。

——《登高》杜甫

采菊东篱下，悠然见南山。

——《饮酒》陶渊明

师：“一切景语皆情语。”自古以来，中国的文人擅长用文字寄情山水。文学艺术是相通的，都可以用来寄情抒怀。文人用文字，画家擅长用——（生：色彩），歌唱家擅长用——（生：歌声），演奏家擅长用——（生：乐器）。今天我们学习的内容就与艺术有关。

教学过程

导读题——未成曲调先有情

（课件出示“伯牙鼓琴图”，配乐）

师：同学们，让我们走进两千多年前的春秋时期。我们看到的这幅图叫《伯牙鼓琴图》。图中这位入神弹琴的人，一身长袍，羽扇纶巾，他是晋国的上大夫——俞伯牙（板书）；这位凝神听琴的人，青布包头，两截布衫，他是楚国的一个打柴樵夫——钟子期（板书）。

师：这节课我们要学习的就是关于他俩的千古流传的友情故事，题目叫——（师板书课题）谁来读一读？（指名读课题）“琴弦”的弦右半边读“玄”，加了“弓”字旁就读“弦”（xián）了。

师：“绝”是什么意思？

生：断绝。

师：你是怎么知道的呢？

生：看注释。

师：借助注释或工具书，是我们学习古文的一个重要方法。“绝弦”是什么意思呢？

生：割断琴弦。

师：既然是割断琴弦，为什么不用伯牙断弦，而用绝弦呢？

生：用“绝”字，表明割得更坚决。

师：我们一起来了解春秋时期“绝”的小篆写法，（出示），右下是古代跪坐的人形，右上的是“刀”，左偏旁（纟）是一束丝（不是一根丝），“人”用“刀”把一束“丝”全部割断，一丝不剩。

师：伯牙弹的是古琴，古琴有七根弦，七根弦全断了，才叫——

生：绝弦。

师：一根不剩，这就表明他绝不再弹琴了。现代汉语有很多这样的词语，譬如两个人从此不再交往了，叫做——（生：绝交）著名作家金庸不再写文章了，叫——（生：绝笔）绝笔不是这个意思，是封笔，“封口”的封；电影演员从此不再演电影了，叫——（生：封影）不对，叫“息影”，休息的息……所以，不再弹琴了，叫——（生：绝弦）。

师：理解了意思，我们再读题。（生读题）

练读文——抑扬顿挫品音韵

师：这是一篇文言文。请同学们打开课本第137页，自由地读课文，注意读准字音，读通句子，尤其要读出词句内部的停顿。读完了举手示意。

师：还是老师先来范读吧，给我一点鼓励。（师配乐范读，生鼓掌）

师：谁能尝试着读一读《伯牙绝弦》？其他同学注意，文中有两个语气词，听他读准了没有。（指生读）真好，两个语气词都念准了，我们一起读两遍——“哉”“兮”。

师：在读文言文的时候，语气词后面延长、停顿一下，一咏三叹，颇有音乐美，我们试一试。（男生读，女生再读：“善哉，峨峨兮若泰山！”“善哉，洋洋兮若江河！”）

师：谁再来读一读全文？其他同学注意听，他是怎么停顿的，尤其注意最后一句。（指名读）

师：你再用心体会停顿。最后一句的“谓”是什么意思？

生：认为。

师：嗯，言字旁，更准确的是“说”。“世”呢？

生：世界上。

师：理解得好。“谓”“世”是一个词，还是两个词？

生：两个词。

师：其实很多时候文言文的一个字就是一个词，叫做单音词。那该怎么停顿呢？你再读。

师：我们一起来接龙读。第一遍同学们读，第二遍老师读，第三遍同学们再读。（师生接龙读最后一句）

师：看来，要想读好停顿，我们要准确理解文言文中关键词语的意思。这篇文言文中，比如“善”，出现了几次？

生：四次。

师：“善”是一个多义词，分别是什么意思呢？

生：前两个“善”是擅长的意思，后两个“善”是好的意思。

师：“善哉”是什么意思？（生：赞叹、表扬）用我们现在的话可以怎么赞叹？（生：好啊！）

师：脱口而出，由衷赞叹，带到句子中，读出强烈的语气。

生：“善哉，峨峨兮若泰山！”“善哉，洋洋兮若江河！”

师：还有两个字，都是上下结构，心字底，都是“心里想”的意思，能找出是哪两个字吗？

生：志、念。

师：汉字中一部分文字是表意文字，偏旁相同的字大多表示相同的意思。我们把上面三步结合起来，注意字音，注意停顿，注意关键词语的读法，自己试着按这三个要求练习朗读。

（生自由按要求练读）

师：我们一起再来读读，慢一点，轻一些，注意把握。

（生再次齐读课文）

品读“情”——高山流水得知音

师：我们一遍一遍地读课文，读到这，你能根据伯牙和子期的关系选出课文中的一个词吗？（板书：知音）什么叫知音？

生：就是朋友。

师：朋友都是知音吗？

生：不是，知音就是相互了解、理解得很深的朋友。

师：说得好！“知”字，我们现在一般指“知道不知道”，可是，在古文里，经常表示“熟悉”“了解”的意思。“知音”就是相互了解得很深的朋友。

师：还记得伯牙、子期何许人？（出示插图、出示资料）

	俞伯牙	钟子期
衣着	衣着华贵，羽扇纶巾	青布包头，两截布衫
国籍	晋国	楚国
身份	上大夫	樵夫

师：当两个人的资料集中展示在你眼前的时候，你有什么疑问？

生：这样的两个人怎么会成为知音呢？

师：是呀，这样两个身份、地位相去甚远的人，是什么让他们走到了一起？

生：是音乐。

生：是古琴。（板书：琴）

师：伯牙擅长的是——（生：弹琴），钟子期擅长的是——（生：听琴）课文的哪句话是这个意思？（生：伯牙善鼓琴，钟子期善听）

师：这就是他们走到一起的原因，千里知音一“琴”牵，读——（生读）

师：对音乐的共同理解是伯牙和子期成为知音的基础。从哪看出来伯牙善鼓琴，钟子期善听？请同学们默读课文，找到相关的语句，勾画下来。（生默读、勾画）

师：我们来一块交流吧。

生：我是从“伯牙鼓琴，志在高山，钟子期曰：‘善哉，峨峨兮若泰山！’志在流水，钟子期曰：‘善哉，洋洋兮若江河！’伯牙所念，钟子期必得之。”看出来的。（课件出示此段）

师：这一段中的“峨峨”就是——（生：高）“洋洋”指的是——（生：广大）这里的“江”“河”指的是什么？

生1：是指江与河。

生2：江比河广阔。

师：《伯牙绝弦》最早出自《列子·汤问》，当时的“江”就是指长江，“河”就是指黄河。谁用自己的话说说这几句文言文的意思？

生： 伯乐弹琴，心里想着高山，钟了期说："太好啦，像巍峨的泰山那么高。"心里想着流水，钟子期说："好啊，像长江、黄河那么广阔。"伯乐心里所想，钟子期一定知道。

师： 据记载，当年的伯牙焚一炉香，席地坐于瑶琴之前，弹得忘情、投入。现在你们就是站在琴旁的子期，用心来聆听伯牙的琴声吧！

师： 伯牙的琴声幽然响起，他的思绪飞向了那峨峨的泰山之颠，（播古琴曲《高山流水》的《流水》片段）子期听懂了，善听的子期，你的眼前仿佛出现了怎样的泰山呢？用一个词形容。（生欣赏音乐，感受音乐，想象）

生 1： 我仿佛看到了气势雄伟的泰山。

生 2： 我好像看到了高大巍峨的泰山。

生 3： 我似乎看到了挺拔险峻、高耸入云的泰山。

……

师： 把你们想象到的、感受到的，带到句子中，各读各的，旁若无人地赞叹。开始。

（生练习朗读）

师： 谁来心领神会地赞叹？（一生读，"峨峨"读得重）"峨峨"读得高昂、激越，读出了气势，这是你的赞叹。

（一生读，"若泰山"读得响亮）

师： 好，强调了"五岳之尊的泰山"，而不是别的山，由衷地赞叹。

（一生又读）

师： 是这样的铿锵有力，是这样的激情满怀。

（又指几名学生读）

师： 我们一起赞叹，善听的子期呀，当伯牙鼓琴，志在高山，钟子期曰——（生读）

师： 伯牙转轸拨弦，将琴再鼓，洋洋的流水仿佛从他的指间浩荡而出——（听音乐）子期，此时你又好像看到了怎样的长江、黄河？

生：我仿佛看到了广阔无边的长江。

师：于是，你脱口而出——

生：我好像看到了浩瀚奔流的黄河。

师：于是，你满心赞叹——

生：我看到一望无际、广阔无边的江河。

师：于是，你这样赞叹——

（生读略）

师：不论伯牙志在高山，还是志在流水，钟子期都能够懂得，这就是文中写的，读——

（生读："伯牙所念，钟子期必得之。"）

师：同学们，刚才听的琴声，是《高山流水》的片段，相传《高山流水》是这样创作出来的，谁来给大家读读？（指名读）

（课件出示链接：相传伯牙学琴三年，虽技巧娴熟，但缺少神韵。于是他的老师成连把他送到东海蓬莱山。伯牙独自在岛上，每日面对浩瀚的大海，倾听澎湃的涛声，远望山林，鸟鸣深涧。十多日后，这些景象使他突然觉得自己的心胸像大海一样奔腾于宇宙间，情操像高山一样屹立于天地中，伯牙把这些融于创作中，谱写了一曲《高山流水》。）

师："仁者乐山，智者乐水"，读了《高山流水》的创作背景，你知道伯牙想通过琴声表达怎样的心胸、怎样的情操吗？

生：像大海一样奔腾于宇宙间的心胸，像高山一样屹立于天地中的情操。

师：相传，伯牙最早是在宫廷演奏这曲《高山流水》的，但是达官贵族喝得酩酊大醉，连连摇手："这是什么曲子？换换换……"伯牙伤心啊，他伤心于诸侯大夫中，宫廷乐师间，没有人能听懂他的峨峨——（生：高山）没有人能听懂他的洋洋——（生：流水）（指课件）没有人能听懂他的心胸——（生：像大海一样奔腾于宇宙间）没有人能听懂他的情操——（生：像高山一样屹立于天地间）

师：孤独的伯牙呀，他的琴声也只有遇到了钟子期，才会得到这样的赞叹——

（生：“善哉，峨峨兮若泰山！”“善哉，洋洋兮若江河！”）

师：一个所念，一个所得，心有灵犀一点通，这就是伯牙和钟子期知音的境界。（板书：情）

师：多么美妙的意境，让我们把这奇丽的画面留在脑海里，再次诵读“高山”“流水”这千古流传的佳句。男同学读伯牙的部分，女同学读子期的部分。（课件分色）

悟读“痛”——摔断瑶琴凤尾寒

师：据记载，这次相遇，伯牙、子期洒泪惜别，相约第二年的八月十六再相会。夏去秋来，当伯牙赶到楚国，万万没想到子期因病去世。（音乐起，出示句子，生读——）

师：此时，如果你就是伯牙，满怀希望而来，却闻此噩耗，你是怎样的心情？（生：悲痛欲绝、痛不欲生）

师：如果你就是伯牙，来到子期的坟前，面对一块冰冷的墓碑、一抔无情的黄土，你会说些什么？（生：子期，你为什么离我而去？你死了，我再也没有知音了……）

师：面对一块冰冷的墓碑、一抔无情的黄土，这时，伯牙做了什么呢？

生：破琴绝弦。

师：伯牙可是著名的大乐师，他为什么把所有的琴弦摔断，为什么不再弹琴？

（生答略）

师：知音不再，留琴何用？这样的友情哪里找？这是世上绝无仅有的友情，琴断音绝是伯牙看待知音的意义。谁再读？

（一生读）

师：感受到一点痛心。古人云：“志哀则音促。”“乃—破—琴—绝—弦”，这样的决心，这样的痛心，是一个字一个字数着读出来的。谁来读？

（指几名学生读，教师或示范，或点评）

师：你听得见吗？子期，如今你一走，“春风满面皆朋友，欲觅知音难上难”，我又要回到没有知音的孤独中去，读——（生读）

师：你听得见吗？子期，如今你一走，伯牙所念，无人得。“摔断瑶琴凤尾寒，子期不在对谁弹。”琴随你去，心随你碎，读——（生读）

诵读文——此曲只应天上有

师：正是这震撼人心的痛，才演绎出这凄美动人的“伯牙绝弦”。“伯牙绝弦”的故事成为了中华民族交友的千古楷模，“伯牙绝弦”成了知音的代名词，让我们记住这个故事，（师指课题，生读课题）读——（生：伯牙绝弦）

师：这篇课文前后的感情转换很分明，你们发现了从哪一句开始转的吗？

师：从开头到“必得之”，都应带着兴高采烈、昂扬的情绪，读到这，稍作较长的停顿后，再用沉痛悲戚的语气读“子期死”一句。我们一起酝酿情绪，在这曲《高山流水》中，再一次诵读全文。（生读）

师：社会发展到今天，也许我们不需要像伯牙那样用绝弦的方式谢知音了，但这个故事中知音的境界却带给了我们深深的震撼和启迪，让我们共同去珍惜友情，呵护友情。

我与师友的观点碰撞

古文教学的文化品格

听王玲湘老师的课还是第一次，但她的《伯牙绝弦》却如《高山流水》一样清新自然而沁人心脾。细细回味，一个重要的原因是她在古文教学中所透射出来的那种文化品格。

一篇小古文虽然只是穿越了时空隧道的一个历史碎片，但它承载着极其丰盈的民族文化精神，以其历史的厚重，给我们以精神的熏陶和心灵的感召。王玲湘教学本篇古文的成功之处，就在于充分开掘和展示了这种内蕴的文化品格。

在课前预热时，王老师先声夺人，先让学生找描写山水的词语和诗句。这不仅有助于学生语言素材的积累，更在于营造一种高山流水的意境，并由此归结出历代文人墨客寄情山水的文化现象，又顺理成章地指出画家、音乐家的山水情愫，为新课作了极其厚实的铺垫。

在“解题”这个环节，王老师不舍不弃地张扬其文化品格，由一个“绝”字有“割断”的本意，引伸出“不再弹琴”；从朋友的“绝交”到作家的“封笔”、演员的“息影”……“绝”的文化血脉，在师生对话中被演绎得淋漓尽致。

古文不长，仅仅77个字，但王老师的词语教学却丰富而生动：两个语气词“哉”“兮”的诵读，一个“谓”的停顿，四个“善”的比较，两个重叠词“峨峨”“洋洋”的意向拓展……用文化赋予词语以血肉，唤醒词语之生命，让它们在古文的吟诵中一起鲜活起来。

另外，王老师在教学中有机穿插伯牙学琴创作《高山流水》的传说，与古文相关的诗句、俗语相印证……将古文设计成一幅竹刻横轴的古色古香的画……乃至板书的别具匠心的安排，无不表现出其民族文化品格的光辉。

以文化品格彰显古文教学的魅力，不是简单的历史轮回，它代表着一种古文教学价值的确认，一种文化的提升，一种人文精神的辉耀。这正是本课教学给人以震撼力的本源所在。

浙江省绍兴市教师进修学校　著名特级教师　周一贯

浓浓语文味　悠悠生死情

这是一堂充满浓浓语文味、浸蕴悠悠生死情的语文课。教师导读如巧手穿针引线，教师导情如湍流跌宕起伏，琅琅读书声不绝于耳，高山流水情不绝于心。这样的文言文教学，高超却不玄乎，精巧却不华丽，朴实却不僵化，扎实却不乏味。

浓浓语文味

清代姚鼐等人提出“因声求气”，“声”就是文句的音韵、节奏美，“气”就是作者所表达的精神、气势。教师心中有根本，教学中以“读”为主，在沉郁顿挫中，文章精神定显，“语文”本色的原汁原味必出。

整堂课的教学，以“读”为线索展开，浸润浓浓的语文味。“导读题，练读文，品读‘情’，悟读‘痛’，诵读文。”五个环节，以“读”解“文”。初读整体感知“知音”，围绕“知音”，层层深入地研读。五个环节，因“读”探“言”。在导读中，明“弦”的读音，“绝”的本意、引申义；在练读中，了解关键词语“善”“念”“志”的意义、用法；在研读中，感悟古今语言的互译；在品读中，尝试运用方法说出大体意思，想象体会语言的魅力；在诵读中，升华品味语言之精妙。“言”亦生，“文”亦生，皆因品读而共生。

在《伯牙绝弦》的教学中，“读”作为主要的教学方法和策略，蕴藏着浓浓的语文味。

练读——感受音韵之美

练习朗读，学生透过抑扬顿挫的语调节奏，可以感受诗歌的音韵之美。本课的练习朗读把握了三个重要环节。一是读音，抓课题易读错的“弦”正音，抓初次出现的两个语气词“哉”“兮”正音。二是停顿，这是文言文朗读的难点，正确停顿要结合对文言文内容的理解。本文的停顿难点有两处：“哉”“兮”是表示感叹的文言虚词，读这样的语气词，延长、停顿一下，颇有音乐美；“谓”是说的意思，学生知道文言文大多数时候，一个字就是一个词，也就明白了“谓”后停顿的道理。三是节奏和轻重，这样的练读要结合文言文内在的情感，一步不能到位，要反复读，“读书百遍，其义自现”。

品读——领悟意境之美

“知音”之美，是《伯牙绝弦》的文本意义，领悟“知音”境界之美，就是破译《伯牙绝弦》的情感密码。然学生的情感不是一触即发的，需要慢慢酝酿、发酵才能成为芬芳的美酒。于是，“读”要有一个拾级而上的过程。在品读知音的境界部分，首先，读中铺设。引导学生自由默读、圈画，尝试说大意，在学生头脑中初步铺设伯牙志在高山、流水，子期眼前展现高山、流水的画面。其次，读中酝酿。教师创设音乐情境，还原语境，引导学生去想象、去思考、去体味、去朗读。此时文本的语言，如一杯芳香四溢的碧螺春，在学生心中慢慢地散发开去。接着，读中推动。在学生的情感融入文本的关键时刻，教师引入课程资源，让学生深入体会知音不仅是知“琴音”，更重要的是知“心声”。从而叩击了学生的心弦，到达“人”“文”“言”琴瑟和鸣的妙境。

悠悠生死情

与文本对话，层层剥笋

教师研读文本，是教学的关键。这是一篇仅 77 个字的浓缩版文言文，省略了《列子 · 汤问》中许多的具体情节。此课的精彩之处，就在于教师充分把握学生的学情，顺应学生读文本由浅入深、层层深入的学路，把学路、教路与文路有机地融成一条清晰的对话线。

第一层：课文的第一句，解读“琴”。引发学生质疑，联系主人翁的简介，引导学生了解“琴”是伯牙和子期成为知音的基础。第二层：课文的第2—5句，解读“情”。一个所念，一个必得，“情”是伯牙和子期知音的境界。第三层：课文的最后一句，解读“痛”。帮助学生感悟“琴断音绝”是伯牙看待知音的意义。

三个层次的对话，势如剥笋，情知交融，跌宕起伏，一气呵成，实乃顺情、激情、导情、入情的精品。

与背景链接，牵线搭桥

文本精练的语言，琅琅上口，易于诵读；也因为精炼，阻隔了学生对“知音”情的体会、感悟。背景的链接无疑是必要的，此课的课堂链接可谓天衣无缝，拾级而上，妙不可言。

简介主人翁，初步了解故事。开课出示《伯牙鼓琴图》，教师在古色古香的图画中，在古音古韵的琴声中，款款介绍子期和伯牙的穿着、身份、地位，让学生初步了解了两位主人翁的基本情况，也为下文质疑、寻疑探究作了无痕迹的铺垫。

对比主人翁，引起学生质疑。在学生把伯牙和子期的关系读成课文中的一个词“知音”，在学生理解了知音就是相互了解、理解得很深的朋友时，教师顺势引导学生回忆“还记得伯牙、子期何许人？”不愤不启，伯牙和子期身份、地位的差距与“知音”的关系在学生头脑中、情感上形成强烈的对比，学生急于探究“这是为什么”，处于悱愤状态。

还原“鼓”“听”情景，引发想象。想象画面，进入情境，是古文教学的一个重点。为了理解“一个所念，一个必得”，教师第三次链接背景。创设“当年的伯牙焚一炉香，席地坐于瑶琴之前，弹得忘情、投入。现在你们就是站在琴旁的子期，用心来聆听伯牙的琴声吧！”的“鼓”“听”情景，让学生在《高山流水》的古琴声中，欣赏音乐，感受音乐，进而想象过程。

我与胡助金老师合影于南昌

补充创作情境，加深理解。引导学生理解真正的知音境界是既懂“琴”声，更能懂“情”声，这是教学的一个难点。课堂中第四次链接的是《高山流水》的创作背景，学生深入体会了伯牙的琴声中除了高超的弹琴技巧之外，还有像大海一样奔腾于宇宙间的宽广胸怀，还有像高山一样屹立于天地中的情操。

链接重逢情思，升华感悟。琴断音绝是伯牙看待知音的境界。课堂中第五次链接的是伯牙经过一年的企盼，相约再见时，却得闻子期去世消息的背景。学生走进文本，换位伯牙，想伯牙所想，说伯牙所说，痛伯牙所痛，深入理解了这种世上绝无仅有的知音情。

南昌市教育局教研室　胡助金

《杨氏之子》

我与文本的邂逅故事

2009年，南昌早春，春寒料峭。

寒假我作了一些文献研究，一开学，“古诗文教学”课题研究就紧锣密鼓地开展起来了。其实，从2003年开始，南昌市的小学语文教学，每年聚焦一个结构性选题，以“专题推进”的方式开展教研。

去年“千课万人”活动中，全国著名特级教师周一贯老师评了我的课，他的殷殷期望一直萦绕在我心头：“你的《伯牙绝弦》上出了文化关照下的小古文。小古文的教学还没有谁作较为系统的研究，我希望你能把小古文上下去，摸索出一点东西。”

当时南昌市的绝大多数学校用的是人教版教材，其中有四篇小古文，第一篇就是《杨氏之子》。第一次，总会给后面的无数次学习带来一些影响。第一次学习小古文，该给学生留下什么样的滋味？

我决定好好研究它。

我与文本的深度对话

《杨氏之子》选自南朝刘义庆编撰的《世说新语》。《世说新语》是中国魏晋南北朝时期“志人小说”的代表作，记录了上层名士的言谈逸事，共36门，一千多则故事，《杨氏之子》是“言语第二”中的第43个故事。

《杨氏之子》中的“氏”，就是“姓”，“杨氏”就是“杨姓”。题目的意思就是一户杨姓人家的儿子，此题又名“杨氏子巧答孔君平”，“巧答”点出了事件，突出了杨氏之子的聪慧。

全文共5句话，55个字，主要人物是杨氏之子，另一人物是孔君平。孔君平，指的是孔坦，孔子后人，字君平，会稽山阴（今属浙江）人。为人率直，官至廷尉（主管司法的最高官吏），人称孔廷尉。文中表示人称称谓的词有9个：“孔君平”“孔”“夫子”表示孔君平，“杨氏子”“其”“儿”“儿”“儿”“君”表示杨氏之子。比较一下可以发现，第一次用的都是全称，再出现的时候就用“其”“儿”“孔”简称，最后一次分别用的是“君”和“夫子”。“君”是对人的尊称，“夫子”是对有学问、受人尊重的男人的一种尊称。同一个人，不同的称谓，不同的用词，因语境而定，是本文的一个特点。教学时，可以归类处理，以简化教学头绪，收到事半功倍的效果。

文中还有一些字，古今意思和用法不同。因学生第一次接触文言文，这些字是理解古文大意、读出古文韵味的基础。如：

惠：“惠”是个会意字，下部是“心”，上部的“叀”读zhuān，表示专心且谨慎，本义为仁爱。文中通“慧”，表示聪明。现代文中的“惠”引申为给予或受到的好处，如实惠、贤惠，教学中要让学生注意。

诣：形声字，从讠，旨声。指到某地去看某人（多为尊长），在文中就是拜访的意思。孔君平去拜见的尊长，肯定更不一般。由此也可以推测，杨氏之子不是村野孩童，他出语不凡与家庭背景有一定的关系。

禽：形声字，上部是“今”，作声符。所以，“禽”“今”都是前鼻音。下部本是有长柄的捕鸟网，本义是捕捉，引申指“鸟”。文中的“家禽”是两个单音节词，指家中的鸟。学生初学，会因固有经验把“家禽”理解为“人驯养的鸡、鸭、鹅”，当作一个词语。如果教学中突破了“禽”字形声字的特点，学生在理解上就不会产生错误，且很自然地在朗读时正确断句为“家｜禽”。

全文采取总分结构，第一句总起，关键词是“甚聪惠”。以下四句，围绕“甚聪慧”表现在哪展开。第二句是事情的起因，父亲不在，于是把他的儿子叫出来。孔君平拜见的人不在，按理说他应该立刻告辞，为什么把儿子叫出来接待呢？猜测可能是：两家关系甚好，非常熟悉，孔君平了解杨家这个“甚聪惠”的孩子。其实从侧面也衬托了杨氏子的“不一般”。第三句，九岁的孩子，能出来待客，而且周到得体，做到“为设果”，“聪明”程度可见一斑。当然最集中体现“甚聪惠”的是杨氏子的应答。细细品，更惊叹古文用字的凝练。每一词、每一处，都从一个侧面反映其“甚聪惠”。首先是“听得明”。“此是君家果”字面意是“这是你家的水果”，言外之意是用“杨梅”和“杨姓”的联系开玩笑。其次是“答得巧”。以其人之道还治其人之身，用孔雀和孔姓的联系来回敬。再读读这个“应声答”，孔君平的话音刚落，杨氏子就回答了，出语快，反应快，“甚聪惠”。又读读这个“未闻”，这杨氏子多会说话呀，同样一个意思，稍稍拐了个弯，就委婉、得体、不失礼貌了。还读读“君”和“夫子”，又发现什么了？同一个人有那么多不同的称谓（见上文），孔君平用“君”，杨氏子就用“夫子”，不失尊重，得体、聪惠。这样读下来，不禁为古文语言的凝练精准叹服了！正因为如此，大浪淘沙，古文历经几千年的文明传承下来，成为中华民族的瑰宝。

细读是装矿石，把采到的矿石统统往车上堆；教学则是冶炼，结合学生的学情和教学的需要，把精华的东西提炼出来。五年级的学生第一次接触文言文，重中之重是让学生与小古文第一次见面后，通过老师这位“媒人”，初步认识文言文，并留下美好的第一印象。初步认识什么呢？认识古文的节奏、语言的凝练、故事的生动有趣、杨氏之子的聪惠之处。于是，有了下面思考的教学步骤。

激趣，导课题，了解出处

用聊天创设生活情境，聊一聊不同年龄对同一个人的不同称谓，引导学生结合自己的姓氏、性别进行语言实践。用音乐创设古文情境，在了解作者、背景和什么是古文中走进古文。

一读，正字音，初识古文

学生初读古文时会感到拗口，但仍要引导学生体会到古文的一点韵味。关键在初读时“严字当头”：字字读准，有板有眼。“禽”字的音、形、义突破了“未闻孔雀是夫子家禽”的朗读停顿难点。

再读，抓人物，感知大意

如何感知，不同的文本有不同的方法。《杨氏之子》全文 55 个字中有 14 个字是表示人的称谓，5 句中 4 句含称谓（第二句省略了）。我想以人物称谓为抓手，用自主质疑、顺学而导的方法，以课文注释加上老师的表演活注释为基础，“深入浅出”引导学生感知故事大意。

三读，品对话，感悟聪惠

故事的有趣、杨氏子的聪惠、语言的魅力在哪？这是重点。此环节可引导学生咬文嚼字，创设情境，抓住杨氏子的答话，从“听得明”“答得巧”“反应快、出语快”“得体”等方面层层剥笋，深入领悟，进而引导学生感受语言的精妙。

拓读，听故事，引向阅读

指向语言的精妙，拓读故事《咏雪》，引向更多出自《世说新语》中的“语言精妙”的小故事。

其实说起来，这样教学体现了初次接触小古文的三个“一点”：

激发一点兴趣，读出一点韵味，感受一点言意。第一次学习小古文有一点，第二次又有了一点，语文学习如聚沙，日积月累，学生就能在中华古诗文里收获良多了。

我与儿童的课堂相遇（实录节选）

指导学生学习《杨氏之子》

师：第一次见面，自我介绍一下，我姓王，同学们喊我——（生：王老师）长辈和朋友直呼我的名“玲湘”。我呀，认识一位饱读诗书的老先生，他特逗，向别人介绍我的时候，说我是“王氏之女”，知道什么意思吗？（生：姓王人家的女儿）对，氏，指的是姓，“之”就是“的”。

非常想认识一下同学们，你姓什么？（……）用老先生的称法可以是——（……）

咱们开始上课。

激趣，导课题，了解出处

师：那这节课我们共同认识一位姓杨人家的儿子，可以称他为——（生：杨氏之子）（师板课题）我愿意请同学们大声地、热情地介绍他。

师：这“杨氏之子”是古代小说中的人物，这本古代小说就是——（两生齐说）

（出示资料：《杨氏之子》选自一本古代小说——《世说新语》。《世说新语》由南朝的文学家刘义庆编撰，共 36 门。《杨氏之子》是“言语第二”中的第 43 个故事。）

一读，正字音，初识古文

师：这个故事选自古代小说，所以用的语言也是古人的，这样的文章叫古文，也可以叫做文言文。

师：请大家翻开书第 48 页，自由地读课文，读准字音，读通句子，难读的地方多读几遍。

师：谁来尝试着读一读？（一生读）自己评价一下，读得怎么样？不添一字，不漏一字，有两个多音字读得准：为 wèi、应 yìn g，请大家再读两遍。

师：就像这样，字字咬准，谁再读？（一生读）

（课件出示“惠”字）

师：“惠”什么意思？（生：慧）这个惠在古代，是“智慧”的“慧”，你是怎么知道的？（生：看注释）读一读注释。

（课件出示“曰”字）

师：“曰”和什么字长得很像？（生：日）笔画完全一样，不同的是形状，提起手，边想边书写，又瘦又高的是“日”字，又矮又胖的是“曰”字。“曰”的意思是——（生：说）。

（课件出示“禽”字）

师：“禽”是什么意思？这是一个形声字，（课件出示“禽”的造字变化）上部是“今天”的“今”，表音，“禽”是前鼻音；下部本是有长柄的捕鸟网，这形象的捕鸟图演变成的就是“禽”字。

（课件出示：儿/应声答曰：“未闻/孔雀/是夫子家/禽。”）

师：“禽”引申为鸟的意思，这一句中，“家”和“禽”是两个词语，“禽”字前面要停顿，让人听明白。自由练练，开火车读，齐读。

师：就这样，我们也来读读前面几句，读出古诗文特有的停顿和味道来，读起来——

再读，抓人物，感知大意

师：这古文读通读顺了，接下来我们就要——

师：疏通，理解，可以借助什么？（生：注释）文中八个注释够用吗？如果你觉得哪个字也需要注释，提出来，我们学着编者的样子，写写注释。

师：（出示“孔君平”“孔”“夫子”，变蓝）读读这几个词语，你们有什么发现？第一次称——（生：孔君平），第二次简称——（生：孔），第三次称——（生：夫子）知道什么样的人可以称夫子吗？推测一下他的身份——（生：有学问、受人尊重的人）是呀，孔子称为——（生：孔夫子），孟子称为——（生：孟夫子）孔君平也称为——（生：夫子）这种称呼含着尊敬。

师：（出示“杨氏子”“其”“儿”“儿”“儿”“君”，变红）再读读这些词语，又有什么发现？（生：指的都是杨氏子）

师：发现得好，为了奖励大家的发现，王老师也送给大家一段活注释，这注释呀，在脸上、眼睛里、手上、声音里，看好了——（师演读）

师：有了书上的注释、加上老师的活注释，你能试着用自己的话说说这个故事吗？指五名学生轮讲故事。

师：（小结）你们讲的这个故事，课文用55个字就写清楚了，古文的语言就是这么凝练。

三读，品对话，感悟聪惠

师：读了课文，杨氏之子给你留下了怎样的印象？谁用课文中的一个词语说？

生：甚聪惠。（板书：甚聪惠）

师：课文中用这个“惠”来表示智慧的“慧”，现在写聪慧能这样写吗？现在这个惠是“贤惠”“实惠”的“惠”。

师：这个词语在课文的第 1 句，这一句概括了杨氏子的特点。（出示：梁国杨氏子九岁，甚聪惠。）

师：谁来读一读？“甚”是什么意思？（生：很）不是一般的聪明，谁再读？——一起读。

师：从课文的什么地方最能看出杨氏子的甚聪惠呢，迅速浏览课文，找一找，画下来。

（出示：孔指以示儿曰：“此是君家果。”儿应声答曰：“未闻孔雀是夫子家禽。”）

预设一：以其人之道，还治其人之身

师：孩子应声答的是孔君平的话，（板书：语言）“此是君家果”什么意思？（生：这是你家的水果）

师：孔君平是咱们浙江绍兴人，官至廷尉，掌管天下刑狱，相当于全国司法部长。不一般的身份，这玩笑开得也很有水平。“这是你家的水果”，这句话有没有言外之意呢？（生：杨梅和你同姓，你们是一家）这叫“听得明”。

师：孔君平用“杨梅”和“杨姓”的联系开玩笑，杨氏子用什么和什么来回答他呢？（生：用孔雀和孔姓的联系来回敬）用一句俗语，叫以其人之道——（生：还治其人之身）

师：那如果来的不是孔君平，是黄君平，杨氏子会怎么答？（……）

如果来的是柳君平呢？（……）来的是杜君平呢？（……）

师：都能听得明、答得巧，这杨氏之子不是一般的聪慧，是——甚聪惠，你们也甚聪惠。

预设二：应声答曰

师：再读读杨氏子的回答，你又从哪个词语感受到杨氏子的甚聪惠呢？

师：什么叫应声答？

生：接话接得快。

师：那好，我是孔君平——（指一生）你是杨氏子，此 / 是 / 君家果。

生：未闻 / 孔雀 / 是 / 夫子家 / 禽。

师：你这不叫应声答。

师：此 / 是 / 君家果。

生：未闻 / 孔雀 / 是 / 夫子家 / 禽。

师：孔君平的话音刚落，杨氏子随声而答，这就叫——（生：应声答）

师：现在我是孔君平，大家都是杨氏子，注意听孔君平强调的是什么。

师：此 / 是 / 君家果。

生：未闻 / 孔雀 / 是 / 夫子家 / 禽。（分别强调君、果）

师：反应快、出语快，这就叫——（生：应声答）。一个应声答，让我们再次感受到了杨氏子的——

生：甚聪惠。

师：继续交流，你还从什么词语感受到杨氏子甚聪惠呢？（生答略）

预设三：未闻

师：“未闻”是什么意思？

生：没有听说。

师：杨氏子可以直接说“孔雀是夫子家禽”，为什么拐个弯说话呢？

师：（小结）这杨氏子多会说话呀，同样一个意思，稍稍拐了个弯，就委婉、得体、不失礼貌了。这就是语言艺术的魅力，这就是此儿的——

生：甚聪惠。

师：就这样简简单单的对话，一个玩笑开得幽默风趣，一个接话答得机智巧妙，同桌一组，练一练对话，看哪组同桌读出了他们说话的神态、语气？（生同桌读）

师：（小结）听得明、答得巧、反应快、出语快、委婉得体，我们在品读中感受到了杨氏子的甚聪惠，还体会到了语言的魅力。那我们就在精彩的语言中，再现杨氏之子的聪惠形象吧，能背的一起背一背。（配乐诵读）

拓读，听故事，引向阅读

师：出语不凡的孩子在《世说新语》里不止杨氏之子，有一个故事——《咏雪》讲的是谢道韫的故事，请大家闭上眼，边听边在脑海中再现故事的情景。

（师讲故事：在一个寒冷的雪天，谢道韫的叔叔谢安把家人聚在一起，跟孩子们谈论诗文。忽然间，天空中的雪下得越来越大，越来越大，谢安就问孩子们："这纷纷扬扬的大雪像什么呢？"他哥哥的儿子说："像把盐撒在空中。"这时，谢道韫说——）

（出示：曰："未若________________________。"）

师："未闻"和"未若"的意思一样吗？（生：不一样）"未闻"是没有听说，"未若"就是不如比作，不如比作什么呢？

（出示：曰："未若柳絮因风起。"）

师："不如比作风把柳絮吹得满天飞舞。"这个故事，也是用简简单单的一句话，来表现谢道韫的"甚聪惠"。

师：同学们，《世说新语》里有很多早慧孩子的故事，比如让梨的孔融，比如南昌有个孺子亭，是纪念徐孺子的。这些孩子长大了成为上流社会的名士，《世说新语》就是写上层名士的逸闻言谈的，这样的故事有 2000 多个。每一个故事都像《杨氏之子》一文一样，有一句或几句精彩的语言。所以，鲁迅对《世说新语》这样评价：记言则玄远冷隽。“玄”就是广，“隽”就是深，这句话是说看似说说而已，实际上以冷静的方式，表达了含义很深的道理，耐人寻味。如果你有兴趣，可在课后翻阅——《世说新语》(课件出示《世说新语》封面)，里面有原文、注释、译文，相信你能看得懂，也会喜欢。

我与自己的深度对话

三个一点　打开文言文学习的启蒙之门

文言文，即用文言写成的文章。首都师范大学刘占泉教授在《文言教学的反思及建议》中，钩沉了 20 世纪后期 50 多年来的文言教学改革，把文言教学思路分成“启蒙—入门—提高”三个阶段。“启蒙”阶段，在小学的中高学段，以“初步积累文言语感、初识文言常用字和大致了解一些古代文化常识为主要任务。”

人教版小学语文教材从五年级下册起，共安排了四篇文言文：《杨氏之子》《伯牙绝弦》《学弈》《两小儿辩日》。四篇文言文篇幅皆短小，可称“小古文”。从教材编排意图来看，这几篇文章确是为初中文言文学习奠定初步基础，打开学生学习文言文的启蒙之门。

“认识清楚了，一切努力才有目标、有方向，不至于盲目地胡搅一阵。”(叶圣陶)小学“小古文”教学，应遵循其“小”的特点，启蒙的阶段目标应把握三个一点：“激发一点兴趣”“读出一点韵味”“揣摩一点语言”。

激发一点兴趣

“工欲善其事，必先利其器”，小学生初学文言文的“利器”，当首推兴趣。

营造古文氛围，激发兴趣

因“文言”与“白话”有一脉相承的血缘关系，生活中，文言并没有与孩子们绝缘，比如“氏”字，学生已经从街边的“李氏包子店”中获得理解。《杨氏之子》课前交流，从生活入手，“我呀，认识一位饱读诗书的老先生，他特逗，向别人介绍我的时候，说我是‘王氏之女’，知道什么意思吗？”学生联系生活明白“王氏之女”是“姓王人家的女儿”。课中让孩子试想黄君平、柳君平来了之后，运用文中相仿的句式、语言说话，意在营造学古文的语境。

降低学习难度，激发兴趣

“难读”“难懂”使学生对文言文产生畏惧。我们不妨降低难度，学生不会读，教师范读、带读、教读。学生不理解，教师可以铺设台阶。如《杨氏之子》是学生接触的第 1 篇古文，理解该文分了四步：第一，理解生字，引导学生看注释；第二，师加动作演读，帮助学生初步感知故事；第三，看注释再读文，尝试读懂；第四，抓人物，从发现“孔君平”“孔”“夫子”都指孔君平，“杨氏子”“其”“儿”“儿”“儿”“君”都指杨氏之子，发现第三句的省略，帮助学生疏通文意，初步感受文言文语言的凝练。通过四个台阶，放缓学习的难度，拾级而上。

引发拓展阅读，激发兴趣

《杨氏之子》出自《世说新语》，故教学中又拓充谢道韫的故事，增加徐孺子、孔融等名士，让学生了解像《杨氏之子》这样的故事在《世说新语》中有 2000 多个，且《世说新语》一书里面有原文、注释、译文，借机引发学生阅读小古文的兴趣。

读出一点韵味

古人文章妙处，全在“沉郁顿挫”，清代姚鼐等人又提出“因声求气”，“声”，就是文句的音韵、节奏，“气”就是作者表达的精神、气势。由此，“读”，既是文言文教学的主要策略，也是文言文教学的主要线索。

对于刚接触文言文的学生来说，文言文教学中“读”的指导要“实”，要求要适度。《杨氏之子》的读分四个层次：音、断、意、情。

“音”，字字咬准，读准字音。《杨氏之子》的教学关注了两类字，一类是多音字——“应”“为”，一类是生字——“惠”“曰”“禽”。

“断”，正确停顿，读出节奏。这是文言文朗读的难点，正确停顿，要结合对文言文内容的理解。《杨氏之子》教学中指导了两句难句：“孔指以示儿曰”和“未闻孔雀是夫子家禽”。运用的教法是突破关键字的意思，根据意思断停顿。

“意”，体会文句，读出意思。这样的练读要结合文言文内在的意思和情感，一步不能到位，要反复读，且不同的文章有不同的突破点。《杨氏之子》是一个趣味横生的小故事，理解文句的环节，指导学生抓住关键词，准确揣摩，或创设体验的情境，层层深入，体会杨氏子的甚聪慧很重要注重。

“情”，入情入境，读出情境。在学生入情入境之时，情感蓄积到饱胀之际，注重引导学生读出韵，读出情。在深入体会杨氏之子的甚聪慧后，引导学生同桌一组，练习对话，看哪组同桌读出了“一个玩笑开得幽默风趣，一个接话答得机智巧妙”的神态、语气。进而师生配合直接朗读对话，配乐诵读。

揣摩一点语言

“文言共生”是语文教学的性质，教学中当警惕“废于清议”或“死于章句”的偏颇现象。

《杨氏之子》侧重在“文”“言”共生共融中渗透“初识文言常

用字”的教学。

“禽”的造字演变，“惠”的通假用法，“孔君平”“孔”“夫子”等是同一个人的不同称谓，谁为谁设果的省略……将语言文字的教学放在文字文化的大背景下，可以收到扎实而不枯燥，浅白而不浅薄的效果。

此外，《杨氏之子》分两个层次感受文言文语言的凝练；通过师生合作读引导学生揣摩总分关系的语言表达方式；抓住“甚聪慧”，立足语言，从“言下之意”“言外之意”来体会听得明，答得巧；从“未闻”体会有礼貌、委婉得体；从“应声答曰”体会接话快、反应快等都渗透了文言文的“语言”揣摩主旨。

《望天门山》

我与文本的邂逅故事

2008年，我和胡助金老师主持的“古诗文教学”获批为江西省重点规划课题，南昌市31所学校成为实验校。申报课题讲述的是《望天门山》一课，而确定做《望天门山》一课，缘于走进生活的一堂课、一本书、一个人。

那是一堂作为省级展示的优质识字课，课上老师缺乏汉字学理论知识却进行所谓的猜谜语、编故事等趣味识字，破坏了汉字的音形义的关系，偏离了汉字本身的意蕴。

2009年12月，在两岸四地的交流中，偶遇金文伟先生，金老师研究的科学识字再次引发我对识字教学的深思。在金老师的推荐下，我读葛兆光的《汉字的魔方》，其中“汉字就是图画”“古诗就是汉字的魔方”的观点再次激发了我的研究欲望：古诗凝练的表达形式，迫使诗人往往字字推敲，“拈断数茎须”“两句三年得”是古人的状态。字、画、意、情统一，这应该是运用汉字科学，打通古诗教学的一个通道！这种朴素的想法与金老师不谋而合。然而“汉字，是很深的学问”，字形演变、简化到今天，通过一首古诗、一节课集中印证这种想法，并非易事。那一段时间，我反复在小学语文教材的古诗中搜寻，最终发现《望天门山》中不少字的形、义关系密切，大喜过望。

《望天门山》是我第一次与大学教授联手，尝试把汉字学理论、古诗教学研究和课堂实践打通。金老师的严谨和规范，给了我诸多的启示。

我与文本的深度对话

对《望天门山》这首诗的文本细读争议太大了，但研究从解读入手，于是我才有了下面两点碎思。

碎思一：关于解读中争议较大的三个问题

1. 李白之“望”，立脚何处？是“孤帆”上还是江岸边的某处？

2. “至此回”的“回”是“回旋”还是“回转，改变方向”？

3. “孤帆一片日边来”的“孤帆”是李白乘坐的船还是李白所望之船？

经过文本细读，并请教有关专家之后，我对这三个问题有了较为清晰的认识。

第一个问题：要分清观察点是“孤帆”上还是江岸某处，必须从作品本身出发，寻找答案，真正的名作，对模糊境况的处理，往往体现在材料的组合和结构安排上，一般是有暗示的。这首诗也有用“草蛇灰线”之写法，但“不在千里之外”（金圣叹）。故我推断这个暗示，应该是“两岸青山相对出”。两边的山景不断地扑入眼帘，只有舟行水上才会有这个感觉。

第二个问题：将“回”解释为“回旋，是楚江水撞击天门山产生的漩涡”，是不对的。理由有二：一是“至此回”在传世的两种宋代版本（蜀刻本和当涂本）中，都作“直北回”，这应是诗的原貌，“直北”两个字因为形近被误写为“至此”；二是《舆地志》记载，“博望、梁山，东西隔江相对如门，相去数里，谓之天门。"既然“相去数里”，可见这里江面并不窄，江流在此不可能形成如瞿塘峡口那样的回旋。

第三个问题，关于“孤舟”的解读。诗题叫“望天门山”，可见“孤舟”是李白望见他人乘的小船。如果“孤舟”是李白坐的船，那诗题中用“望”就不恰当了。再结合李白诗作的特点——“清水出芙蓉，天然去雕饰”，他的诗作虽然想象奇特，大气磅礴，但并不隐晦、难懂。关于这个问题，中国李白研究会薛天纬副会长也回信说“我曾亲自乘船过天门山，李白所写乃船上所见实景。”

述之有据，疑窦算是解开了。

碎思二：关于文本意象

古诗教学的重中之重就是抓“意象”。“意象”，是指通过形象描写，文学作品中表现出来的情境、格调和境界。意象不是单独的景物形象，也不是诗人的主观情感，而是诗人的情与自然的景契合的统一。《望天门山》是写景，更是写“心”，天门山的雄伟险峻，楚江的壮阔汹涌，同时又是一种情，表现的是一种物我相亲，主客同一，自然与心灵合一的异常奇妙的精神神游，是青年李白踌躇满志、意气风发的象征。这节课可以抓住这个“意象”，循着相望、相融、相悦的线索展开。第一层，“人山相望”：李白望天门山，山是山，水是水，山水是景；到青山、远客四目相对，由景而情。第二层，“人山相融”：李白心与山水融合为一体，此时，在李白的眼中，山不是山，水不是水，山是人，是迎接他的主人，是心心相融的朋友。第三层，“人山相悦”：山还是山，水还是水，山滋润了诗人的精神，诗人激发了山的灵性，人山相悦。

由此形成下面简略标注的教学思路与思考：

据形索义，识字解题

首先，古字切入，分别出示“天”“门”“山”的甲骨文，让学生识字辨义，想象“天门山”的形象。知道汉字保存了原始图画性的特征，是表意文字。

其次，解题、读题。

读中正音，整体感知

初读。结合注释看看插图，自由读诗，要求：第一，字音读准确；第二，节奏读清楚；第三，想想诗的意思。

反馈。

相机指导正音：“中断”“至此回”；

相机指导七言绝句的朗读节奏。

解字举象，以景传情

解字赏景，感受意境的高广辽远

（1）找诗中描绘景物的字（天门、楚江、水、山、帆、日），感受画面意境的高广辽远。

（2）根据意境用态势语指导朗读。

解字品“色”，感受意境的温暖昂扬

（1）找诗中描绘色彩的字（碧、青），感受意境高广辽远中透出的温暖昂扬。

（2）用师生合作读的形式指导朗读。

解字悟情，感受李白的豪迈情怀

找出感受到“画面流动”的关键字、关键词（中断、开、回、出、来）。

（1）人山相望——山是山，水是水。

抓“断”“开”“回”四字，展字理，想画面，感受水冲山开，山夹据水的气势。

造境想象两句诗描绘的景象，指导情境朗读。

（2）人山相融——山不是山，水不是水。

创设情境理解“相对”。

揣摩品味理解“出”“来”。

人山对话理解“情”。

拓展链接升华“情”。

（3）人山相悦——山还是山，水还是水

出示：天门、楚江、水、山、帆、日。

小结：汉字保存了原始的图画性，看到字，就能想起图画。这些字组成的图画，高广辽远、气势雄伟。

出示：碧、青。

小结：这些字色彩明丽，让高广辽远、气势雄伟的景呈现出温暖、热烈的状貌。

出示：中断、开、回、出、来。

小结：这些字，让没有生命的景物生动起来，传达出作者实现理想，指日可待的豪情。

《望天门山》教学现场实况

据形索义，识字解题

师：先来认一个字。（出示甲骨文）

生：人。

师：你们异口同声地说“人”。我们先来看它的下半部分是“大”字，是一个人张开双臂的形状，上面是圆圆的头。这个字本义就是头顶，头顶是人身体的最高处，于是字义引申指很高。古人认为最高的是什么呢？

生：（恍然大悟）天。（板书：天）

师：一点就通，这个字确实是“天”。下面认第二个字。（出示甲骨文“門”）

生：门。

师：这是繁体字的“門”。左边一扇，右边一扇。单扇为“户”，两扇合为“门”。（板书：门）

师：这个字很形象，大家一看都知道是什么字，读——

生：山。（板书：山）

师：连起来读——

生：天门山。

师：不像天门山，倒像是小山丘，再读。

生：天门山。

师：这才像天门山，从天门山三个字，想象一下天门山是怎样的？

生：有两座，一边一座，像门一样，又是很高很雄伟的山。

师：你们没有看过天门山，仅从“天”“门”“山”这三个字中想到的，这就是汉字的魅力，它保存了汉字原始的图画性，能直接表示事物。（出示注释）天门山隔江相对，就像天设的门户，雄伟奇特。公元726年，唐代大诗人李白（板书：李白）经过天门山，留下了千古绝唱《望天门山》。（板书：望）“望”是什么意思？

生：看。

师：怎样的“看”是望呢？

生：向远处看。

师：再读，读出远看的感觉。

生：望天门山。（“望”字读得长、重，有味道）

以读求义，整体感知

师：李白望到了怎样的景象呢？请同学们把这首诗多读几遍，注意读准字音，读清楚节奏。读完后结合注释看看插图，想想诗的意思。

（生自由读诗）

师：同学们读得很投入，有的同学还摇头晃脑，这是读诗的状态。谁来读？

（一生读全诗）

师：声音很好听，字音读得准。这两个词，大家再读读：“中断”“至此回”。

生：中断、至此回。

师：“至此回”中的翘舌音“至”、平舌音“此”读得很清楚。谁再读读这首诗？我们注意听他是怎么停顿的。

（一生读，速度较快。）

师：听出来了吗？“天门—中断—楚江—开”，这每行七字的诗停顿是二、二、二、一。（课件出示画节拍线的全诗）谁再读？

（一生根据节拍线再读）

师：有点儿“歌”的韵味，诗可以当歌唱，诗也可以当画赏。李白的《望天门山》中一句一景，又像是连环画。请大家快速默读这首诗，找一找诗中描绘景物的字、词。

生：天门山、楚江、孤帆、太阳。

（板书：景）

师：前面我们了解了天门山，有谁知道"楚江"？

生：就是长江。

（出示注释：楚江即长江，因古代长江中游地带属楚国，所以又叫楚江。）

师：这些景组合在一起给我们什么感觉呢？比如，天门山是高的，那楚江是？用一个字。

生：广。

师：孤帆和太阳离作者是——

生：很远。

师：山高、水广、帆远，这些景组成图画的境界是高广辽远的。那咱们读的时候要慢一点，大家跟着我的手势轻声读，不要跑到我的手势前面去了。

（按照诗的节奏用手势指导学生慢读）

师：让我们再来欣赏这幅图画的色彩，这水是什么颜色？

生：碧色。

师：仔细看这个"碧"字（此字放大），上、下两部分分别是什么偏旁？

生：上面的偏旁是"王"和"白"，下面是"石"。

师：左上的"王"是"玉"，它和"白"组成的是琥珀的"珀"，下面是"石"，本义是青绿色像玉一样的石头。根据字形，你知道"碧水"是怎样的水吗？

（生答略）

师：这"碧"，像青色的水晶，似绿色的翡翠，难怪诗人对"碧"字情有独钟。你看，贺知章笔下垂柳的色彩是"碧"，读——

生：碧玉妆成一树高，万条垂下绿丝绦。

师：杨万里笔下莲叶的色彩是"碧"，读——

生：接天莲叶无穷碧，映日荷花别样红。

师：杜甫笔下春草的色彩是"碧"，读——

生：映阶碧草自春色，隔叶黄鹂空好音。

师：李白笔下楚江水的色彩也是“碧”，读——

生：天门中断楚江开，碧水东流至此回。

师：一个“碧”字，让景色熠熠生辉。再看，这山是什么色彩？

生：青色。

师：孤帆是——

生：白色。

师：碧、青、白，李白望见的（指课题“望”）是一幅色彩明丽的连环画！同学们，体会到高广辽远了吗？我们把读诗的速度放慢了，可以体会到明丽温暖，这慢中还要透着激昂。我们合作着来读读，你们读每句诗的前四个字，我读每句诗的后三个字。

师：换一下，我读前四个字，你们读后三个字。

举象悟义，以景传情

师：有人说，李白就像是一个天才的摄影师，如果我们细细感受，会发现这高广辽远、明丽温暖的景，不是静止的，是流动的。你们能从诗中的哪些字、哪些词感受到景是流动的呢？静静地默读，画出关键字、关键词。

（生静静默读）

师：让我们一起来交流。

生1：我从“中断”和“开”看出来的。

师：还有补充吗？

生2：我从“中断”“开”“东流”“回”“相对出”“日边来”等字看出来的。

师：这些词都是动词，这些动词让这画活起来了，动起来了！

人山相望——山是山，水是水

师：先来看“中断”，什么意思？

生：从中间断开。

师：看“断”字的繁体字。（出示：繁体字“斷”）左偏旁是用“刀”割断两束“丝”之意，右偏旁“斤”是斧头，“断”字表示用力地砍。如果说天门山是砍断的，那利斧是什么？

生：楚江水。

师：是呀，楚江开嘛。再看这个“开”字，（出示：繁体字“開”）下部的“廾”是两只手。一双手把门闩拉开，门就开了。就这个“开”字，你看到楚江水怎样的气势？

生1：浩浩荡荡。

生2：来势汹涌。

师：这“断”这“开”，分明让我们感受到了浩荡江水的威力。这样的力量、这样的气势谁来读？

生：天门中断楚江开。

师：这天门山“断开”了吗？谁再加上动作读一读？

生：天门中断楚江开。

师：这楚江是利斧啊，“开”的力度还不够。男同学，你们来！

（男生读）

师：全班，一起来——

（全班齐读）

师：就是这样浩荡的江水，遇到天门山却至此——

生：回。

师：看这“回”字，它是个象形字，（出示：放大的“回”字）像一个旋转的旋涡，老师选出字典中的三种意思，谁来读一读？

生：1. 回旋；2. 回转，改变方向；3. 返回。

师：你们认为应该选哪种意思？说说理由。

生1：选第一种意思，回旋。因为水撞击到山，形成漩涡。

生2：我觉得是第三种，返回。

师：浩荡而来的江水自西向东涌入天门山，随着山势，不得不掉转方向，折向北沿着山而流。“回”字就是——

生：回转，改变方向。

师：长江水是浩荡的，但天门山硬生生地让浩荡的长江水改变了方向，这天门山给你什么感觉？

生 1：坚硬无比。

生 2：雄伟，有气势。

师：这样的气势谁来读？

生：碧水东流至此回。

师：水是浩荡的长江水，山是险峻的天门山，山水在暗暗较量，读好这个“回”字——

生：碧水东流至此回。（强调了“回”字）

师：这就是“中断”“开”“回”的魅力，让天门山和楚江水有了生命和气势，让我们合作着读好这幅壮景。我读“天门—中断—楚江—开——”，这组读“楚江—开——”，全班再重复读最后三个字“楚江—开——”

（师生合作读）

师：继续聚焦这两个动词，我们又能望见什么、感受到什么呢？读——

生：相对出，日边来。

2. 人山相融——山不是山，水不是水

师：什么叫“相对”？这是一条楚江，（指两竖排的学生）如果这是岸边的一座青山，与它相对的青山是哪座？

（生指相对坐的学生）

师：这是岸边的一座青山，与它相对的又是哪一座？与这座相对的？与这座相对的？

（生一一指出）

师：李白乘着小船而来，青山两两相对着出来干什么？

生：迎接李白。

师：日边指的是——

生 1：太阳边。

生 2：水天相接的地方。

师：对！那水天相接处的孤帆，渐行渐近，渐行渐近，奔向谁而来？

生：李白。

师：这一“出”一“来”，画面动起来了，人和山水相融了。青山出迎，孤帆来就，此时李白的心情是怎样的？

生 1：激动。

生 2：很惊喜。

师：如果说李白是远方的客人，那么，青山就是当地的——

生：主人。

师：远客、青山，四目相对，激动的李白可能会对相对出迎的天门山说什么呢？

生 1：啊，天门山，我终于见到了你的姿态！

生 2：天门山，你真美啊！

师：在李白的眼里，天门山不仅仅是山，它还是富有灵性的人。

生 1：天门山，我的好朋友，谢谢你的迎接！

生 2：天门山，你真是我的知己。

师：这一“出”一“来”，哪里仅仅是景，这分明还有李白与青山的“情”。（板书：情）一起读——

生：两岸青山相对出，孤帆一片日边来。

师：同学们，青山立在两岸，日边有一孤帆，如果在常人看来，这就是一处美景罢了，为什么李白却激动万分呢？（出示图片）老师来告诉你们，年轻的李白才华横溢，志向远大。20 岁的时候，他把自己比作大鹏鸟，说大鹏总有一天会和风飞起，直上云霄的。读——

生：大鹏一日同风起，扶摇直上九万里。

师：为了早日实现理想，25 岁的时候，他离开家乡四川，沿长江远游。一年之后，他来到天门山，看到这自然胜景，联想到心中的远大抱负，再读——

生：大鹏一日同风起，扶摇直上九万里。

师：他觉得实现理想指日可待，这样的心情怎么表达呢？看，正好借眼前高广辽远的山水来抒发。读——

生1：天门中断楚江开，碧水东流至此回。两岸青山相对出，孤帆一片日边来。

生2：天门中断楚江开，碧水东流至此回。两岸青山相对出，孤帆一片日边来。

师：高广辽远的山水正如李白高远的抱负，广阔的胸襟！读——

生：（齐）天门中断楚江开，碧水东流至此回。两岸青山相对出，孤帆一片日边来。

师：闭上眼，你就是年轻的李白，你就是志向高远的李白，你乘船而来，只见：水冲山开，山阻水回，楚江敞开胸怀欢迎你，青山伸出手臂迎接你；更有那辽远的白帆奔你而来，更有那明丽的色彩因你而灿烂。自然的雄伟气势，心中的满腔豪情，于是，你提笔写下了，（配乐）读——

生：天门中断楚江开，碧水东流至此回。两岸青山相对出，孤帆一片日边来。

人山相悦——山还是山，水还是水

师：一千多年过去了，（课件出示“天门山”的甲骨文、楷书）天门山仍旧是静静伫立的山，天门山三个字的字形却发生了很大的变化，但汉字仍然保存了原始的图画性，看着字就能想起图画。（出示：天门、楚江、水、山、帆日）这些字组成的图画，高广辽远、气势雄伟。请你读——

生：天门、楚江、水、山、帆、日。

师：（出示：碧、青）这些字色彩明丽，让高广辽远、气势雄伟的景呈现出温暖、热烈的情绪。女生读——

生：碧、青。

师：（出示：中断、开、回、出、来）这些字，让没有生命的景物生动起来，传达出作者实现理想指日可待的豪情。男生读——

生：中断、开、回、出、来。

师：这些字，已经嵌入到古诗《望天山门》的灵魂中，它书写着景，更传达着情！下课！

我与师友的观点碰撞

“诗”山有路辟新径

——评王玲湘老师执教的《望天门山》

文如其人，课如其性,《望天门山》一课，学生在“玲湘的眼睛”里找到了“天门山雄伟险峻、楚江壮阔汹涌”的景；在“玲湘的眼睛”里体会到了“物我相亲、主客同一，自然与心灵合一的异常奇妙”的境。透过“玲湘的眼睛”，学生在本诗的“意象”中，循着“相望、相融、相悦”的线索，穿行于山、水之间，课堂收到了“生在课堂上，如在画中游”的效果。

字正腔圆，有板有眼——相望长吟有所思

“诗歌”“诗歌”，既然诗有歌性，读诗就要做到南宋朱熹谈到古诗朗读时说的:“须要读得字字响亮，不可误一字，不可少一字，不可多一字，不可倒一字，不可牵强暗记。只是要多诵数遍，自然上口，久远不忘。”王老师执教的《望天门山》,“读”的目标明确,“读”的层次分明。

初读时，字字清晰。着重正音“中断”“至此回”，课上经过反复练习，学生由读不正确，到读得正确。

再读时，节奏清楚。课上，王老师没有急于把这首诗的节奏告诉学生，而是让学生通过自由读、指名读、跟着老师的手势读、叠读等各种形式练读。这里值得一提的是，教师的手势语在这节课的朗读指导中，起了两个作用：一是教师态势语的形象性和表情性，很好地帮助学生走进诗词描写的内容，增强了学生的感性体验，降低了理解古诗的难度；二是无声的指挥，引领学生感受节奏和音韵，学生读到情深处，摇头晃脑，手舞足蹈，把感受和体验通过体态语尽情地表现出来。

古字切入，举象造境——山水相融情满堂

记得有位名人曾经说：当今古诗文教学过度依赖注释和翻译，难道就没有别的办法了吗？听了王老师的课，你会肯定地回答：有！她采取了“古字切入，据形索义”的方法，让学生由对字（词）义的准确理解提高到对诗句的准确理解，这既遵循了汉语与汉字间的关系规律，又克服了“读书百遍，其义自见”的片面性。

“古字切入”是分三步进行的。

第一，抓住古字的形，切入课题，展开想象。

开课，王老师分别出示“天门山”这几个字的甲骨文，让学生据形索义，想象天门山，再结合“望”字，理解课题。此时在40个孩子的心中，“天门山”已经有几十种形状了，极大地激发了孩子学习古诗的欲望。

第二，抓住古字的形，理解字义，读懂诗句。比如对于“回”字，学生容易误解为“回旋”，王老师抓住它，选出字典中的三种意思，请学生判断，再结合板画帮助学生理解其在诗中意为“回转”。

第三，抓住古字的形，字理分析，举象造境。

师：先来看“中断”，什么意思？

生：从中间断开。

师：让我们来看“断”字的繁体。（出示：繁体字“斷”）左偏旁是用“刀”割断两束“丝”之意，右偏旁“斤”是斧头，“断”字表示有力地砍。如果说天门山是砍断的，那利斧是什么？

生：楚江水。

……

有刀有斧的“断”字，让学生轻而易举地理解了天门山的雄伟险峻。

互文参照，知人论世——闻风坐相悦

王老师把《望天门山》的内容解读为三个层次：相望、相融、相悦，表达方式解读为借景抒情，情因景生。课中，王老师链接李白的身世背景资料以及那些借景抒情的诗作，互文参照，更好地帮助学生理解了诗句。

互文参照

互文，是指一种古代作家在写作时为了增强某种表达效果，把本应该合在一起说的话临时拆开，使同句或相邻句中所用的词相互补充，相互渗透，理解时又应该合在一起的修辞方法。互文修辞的运用能收到笔墨经济，以少胜多，表意委婉，耐人寻味的艺术效果。

在《望天门山》一课的教学中，王老师巧妙运用互文参照的方法进行古诗教学。即在教学过程中，用不同诗作中的文句进行互相阐发，互相补足，以达到加深对诗作意思、意境、情感的体会的目的。

如王老师对“碧”字音形讲解的教学片段：

师：仔细看这个“碧”字（此字放大），上、下两部分分别是什么偏旁？

生：上面的偏旁是“王”和“白”，下面是“石”。

师：左上的“王”是“玉”，它和“白”组成的是琥珀的“珀”，下面是“石”，本义是青绿色像玉一样的石头。根据字形，你知道“碧水”是怎样的水吗？

（生答略）

师：这“碧”，像青色的水晶，似绿色的翡翠，难怪诗人对“碧”字情有独钟。你看，贺知章笔下垂柳的色彩是“碧”，读——

生：碧玉妆成一树高，万条垂下绿丝绦。

师：杨万里笔下莲叶的色彩是“碧”，读——

生：接天莲叶无穷碧，映日荷花别样红。

师：杜甫笔下春草的色彩是“碧”，读——

生：映阶碧草自春色，隔叶黄鹂空好音。

……

在互文参照中，“碧”不仅表现了色彩，还写出了长江水的清澈平缓，在简洁的教学过程中，学生解读出了更美的意境。

教学中，王老师还用《行路难》中的“欲渡黄河冰塞川，将登太行雪满山”和“天门中断楚江开，碧水东流至此回”互文参照，以加深学生对诗句的理解。在互文参照中，引导学生体会诗人当时的不同心情；通过互文参照，让学生明白情不同，景不同，景因情生的诗作表达特点。

师：情不同，景不同。同样写山水，心情苦闷时，他想渡过黄河河流被冰堵满了，渡不了；要登太行山，山路被大雪覆盖了，登不了。这两组同学读——

生：欲渡黄河冰塞川，将登太行雪满山。

（出示两首诗的对比）

师：同样写山水，心情愉快时，楚江敞开胸怀，青山相对出迎，这两组同学读——

生：天门中断楚江开。两岸青山相对出。

师：“一切景语皆情语。”只有心情无比欣喜的李白，眼中的楚江、青山才会如此多情，让我们带着这样的感受再读《望天门山》。

……

知人论世

一首古诗往往是作者经历、思想感情的外现。教学一首古诗，就是走近一位作者，解读一种生活，阐释一段历史。从这个角度上看，“链接”对古诗教学来说，是非常必要的。

诗人远逝，时光隔阂，要走进古诗，还须了解作者的人生境遇，把作品放进时代的大背景中，做到“知人论世”。《望天门山》是李白 25 岁时写的，教学中王老师链接了李白“仗剑去国，辞亲远游”的背景和抒发青年壮志的诗句，意在让学生感受李白青年时的意气风发、踌躇满志之情。

博大精深的古诗是浩瀚的海，而古诗教学是这海中无数的小山。在通往大海的研究路上，王老师“古字切入，举象造境”，登上了一座又一座的小山，开辟了一条古诗教学的新径。

南昌师范附属实验小学　特级教师郭爱香

我与郭爱香老师合影于台湾

有益的“探测”

——评王玲湘老师执教的《望天门山》

德国文豪歌德说过：“优秀的作品无论你怎样去探测它，都是探不到底的。”（《歌德妙语录》）王玲湘老师对李白诗《望天门山》的教学设计，印证了文学大师的论断。《望天门山》作为小学语文教材，经过诸多教师多年的探究和施教，内容和教法似乎都已成型，难有新见。但是王老师从语文科学的角度重新“探测”此诗，不仅确论了某些解说，并且开掘出了新意。试说如下。

虽说“诗无达诂”，但解读诗歌还是要依据尽可能多的材料。文学是社会生活的艺术反映，解读文学作品自然要尽可能地依据真实生活。王老师设计此教学，首要的问题就是准确解读本诗的字词句。本诗虽仅四句，但对不同的人有些字词的解说不一，妨碍了学生对全诗的合理解读。王老师尽力研讨落实这几处不同的解说，甚至托我请教中国李白研究会的副会长薛天纬教授，得到了薛教授的科学解答，对诗的解读我们才有了科学的依据。比如“碧水东流至此回”的“回”字，流行解释为“回旋”，即“由于两山夹峙，汹涌的长江流经两山间的狭窄通道时，激起回旋，形成波涛汹涌的奇观。”（《教师用书》）但是，古今一些资料却证明天门山两岸之间并不“狭窄”，而是江面宽阔，“相去数里”，没有“激起回旋”之壮景。于是，王老师依据宋代版本诗歌，解读“回”为江水随着山势“折北而去”。此说不仅确定了本诗“回”的意思，而且也为“两岸青山相对出”的合理解读奠定了基础。试想，李白顺江舟行过天门山，如果两岸间江水回旋，波涛汹涌，舟船颠簸强烈，他怎能静心观赏“相对出”的山景呢？所以，对这个“回”的正确解析，不仅是对生活的真实反映，也是对全诗的合理解读。

联想当前不少教师备课时，注重教学方法创新性的多，重视教学内容正确性的少。这违背了唯物辩证法“内容决定形式”的基本原则，造成了教学的低效率。对比王老师对教学内容的严谨考证，我们是不是应该朝这方面多加努力呢？

汉字是形音义的统一，从造字角度说是“因义构形”，从阅读角度说要“因形求义”。

因为，字义在古代多为词（古代汉语以单音节词为主）。词是阅读的基础。因此，掌握汉字的形音义关系能极大地提高古文阅读的效果。古代的“训诂学”，就是讲求明确字义，促进阅读的准确理解，这是符合汉字与汉语书面语内在规律的科学方法。王老师此课就采用了这种方法。她清晰地解析了“断”“碧”等几个字的形义关系，进而深入解读相关诗句的意境。比如解析“碧”字，王老师讲述该字从珀从石，本义是青绿色的似玉美石，引申指青绿色。这解析不仅使小学生对“碧”义理解深刻，进而对“碧水东流”的意境有了形象的理解，而且这样讲述还传授了汉字知识，提高了小学生的识字兴趣。将识字与阅读结合起来，收到了“一教数得”的效果。

需要说明的是，“碧”字的“珀”按照古音，本是声旁，由于音变，现在已不能对“碧”表音了，王老师就没有给小学生讲授此知识，这也见出王老师对因材施教的准确把握。

多年的语文教学，基本是将识字与阅读分开，识字教学主教生字的形、音，极少顾及字义；阅读教学只顾分析和诵读，忽略汉字形音义的重要作用。读了王老师的这份课例，大家是否会对我们的语文教学方法有所反思呢？

诵读说明：

讲授教学，王老师的目标之一是教学生朗读。不同以往的是，她的朗读指导不仅与理解字义、诗意紧密联系，而且会根据诗意指导学生应该如何朗读。请看王老师对“天门中断楚江开”一句的朗读指导：

> 它的停顿是二、二、三。……这是一首写景诗，境界辽远，是“望”出来的，所以要读得慢一点，再慢一点，读出辽远的感觉。你们跟着老师的手势读。

朗读讲究快慢疾徐，但语速不能凭着感觉随意走，而是要根据文本内容。在这里，王老师指导学生读慢一些，就是根据“望”所产生的辽远阔大的情景。而读慢一点，也是为了表现这辽远阔大的境界。这样指导朗读，既使学生知其然，也使学生知其所以然，不仅提高了学生的朗读能力，更重要的是，也帮助学生体会到了朗读中内容与形式的关系。

有趣的是，对这句诗的朗读，王老师搞了一个所谓的“叠读”，即如“唱歌有重唱”。表面上看，这是在玩花样，其实，暗合朗读原理。古人唱歌有“一唱三叹”之说。这里“叹”是“和”（hè）的意思，“三”是多的意思。“一唱三叹”即一个人领头唱，多人和着唱。“天门中断楚江开”是很有气势的诗句，小学生读很难读出气势。于是王老师采用“一唱三叹”的方法，在做过示范后，老师领读一句，学生依老师的节奏齐声朗读“楚江开”，以众读的气势表现山“开”的轰然气势，从而使学生体会到了诗意，体会到了朗读的重要。后面的一些朗读方式继续体现着这个教学目标。

此课的创新处比较多，但因创新，就还有继续“探测到底”的空间。比如讲解“碧”义时，王老师如能进一步说明此字不仅表现了色彩，还写出了长江水的清澈平缓，就能言简意赅地解读出更美的意境。再如，“日”为红色时多在早晨或傍晚，其他时间多为白色，本课解读“日”为红色，与青山绿水等构成绚烂的色彩。若能说明李白所“望”时间是早晨或傍晚，说服力就强了。当然，我的意见正应了本文开头所引歌德的话，即《望天门山》的解读和教法，还需要我们继续去“探测”。

福建集美大学教师教育学院　金文伟

《那片绿绿的爬山虎》

清华附小那片绿绿的爬山虎

我与文本的邂逅故事

在教学中发现问题，提出解决问题的方案，在课堂中检验、改进。研究问题，解决问题，是“专题推进”的初衷和研究思路。

下校听课时，我发现“长文”教学是一块硬骨头，往往其文字较多、内容丰富、信息繁冗，一线老师教学时难以驾驭，出现一种教师怕教长文，学生厌学长文的现象。因此，长文短教成为2010—

2011 年的专题研究点。

找出问题，老师们纷纷梳理出人教版教材各年段的长文，尤其是教学中难以把握的长文，《那片绿绿的爬山虎》就是其中的一篇。和老师们一起备课，对他们进行指导。这篇充满生命激情、文人感悟的散文与学生之间仍旧有一种“隔”。“纸上得来终觉浅，绝知此事要躬行”，我决定自己亲自上课试试水。

我与文本的深度对话

潜心会文本

《那片绿绿的爬山虎》是肖复兴先生在 1992 年，为纪念叶圣陶先生写下的回忆性散文。课文通过两件事情追忆叶老：一件是 15 岁那年叶老为“我”精心修改作文，“我”犹如“春风拂面”，深受感动；另一件是叶老请“我”到他家里做客，这次见面对“我”的人生产生了深刻的影响，“我”似乎懂得了作家是怎么做的，作品是怎么写的。这一事件表现出了叶老堪称楷模的作品和人品，抒发了作者对叶老的深深敬意和无限追思。全文感情真挚深刻，语言朴实清新，意蕴绵长。

季羡林先生说，“一个人的成功 = 天资 + 勤奋 + 机遇”，“谈到机遇，往往为人所忽视。它其实是存在的，而且有时候影响极大。就以我自己为例，如果清华不派我到德国去留学，则我的一生完全不会像现在这个样子。”叶圣陶先生于肖复兴先生而言，可谓“人生贵人”，这从原文的第一句“一次偶然的机遇，能够改变一个人终生的命运”可读出。缅怀一个影响人生的“贵人”，肖复兴用看似不经意，实则典型、深刻的两件事来表达。每叙述一件事，笔端就不由自主地生发出当时的感受。身为教育家、文学家，身兼教育部副部长等数职的叶老，为一个名不见经传的学生修改作文，如，“一张画像”

改为“一幅画像”，一词一句，丝毫没有马虎。文后批语，盛满暖暖的赞誉：“具体事实”“亲切自然”。这对一个爱好作文的中学生来说该是多大的鼓励！第二件事是邀“我”做客，单凭“我”受邀这件事，就足以激发“我”无尽的自信心。加上叶老以对待大人的平等、亲切跟“我交流”，融洽的交谈氛围，谆谆的教诲，让“我”终生受用，叶老堪称人品与作品的楷模，令我难以忘怀。

这种厚重、浓郁的情感，作者觉得仅凭事件和感受仍不足以表达，故文中三次描写那片绿绿的爬山虎，是借景抒情。为什么单单用“爬山虎”这一意象呢？试想，叶老的那篇《爬山虎的脚》，肖复兴应该是读过的，这在原文中也得到了印证。“那时候，我刚刚读过叶老先生写的一篇散文《爬山虎》，便问：‘那篇《爬山虎》是不是就写的它们呀？’他笑着点点头：‘是的，那是前几年写的呢！’”《爬山虎的脚》是一篇洋溢着生命激情、文人情趣的散文。那一墙错落有致、生机盎然的爬山虎，是叶老对生命的发现。在爬山虎这一生命意象上，寄托着叶老的生命激情。从刚长出来的脚“每根细丝像蜗牛的触角”到“巴住墙”“你会想起图画上蛟龙的爪子”，那是怎样蓬勃的生命力！从细弱、柔软的蜗牛触角，到有力的龙爪，旺盛的生命激情在澎湃。有了这样的理解基础，作者三次对爬山虎进行描写就不足为奇了。

第一次是“我”作为一名中学生到叶老家做客在里院看到的，这是真实的描写。课文中读到的爬山虎，“我”在这见到，不仅让“我”一下子就消除了陌生感，更让我知道原来叶老文中所写，也是生活所见，因而进一步理解叶老给“我”写的作文评语“具体事实”“有所感受”的含义。“我”因此激动、百感交集，并记住了叶老家的四合院。

第二次是“我”和叶老见面交谈后，“我”的心被融化了，在客厅看到映衬在玻璃窗上的爬山虎，如一片浓浓的湖水。此时的爬山虎变得“沉郁”，一是时间有了变化，已到黄昏，一墙的爬山虎浓荫、宁静；二是“对于一个孩子平等真诚又宽厚期待的谈话，让我

15 岁那个夏天富有生命和活力，仿佛那个夏天变长了。”（选自原文）这生命和活力，就使“我”的心中充满了对文学的热爱，以及树立起做一个像叶老那样作家的信心，这些也都投射在“虎虎有生气”的爬山虎上。

第三次是后来“我”每次回想与叶老见面，总想起那一墙绿绿的爬山虎，总是那么绿着。爬山虎不仅绿在“我”的眼前，更绿在“我”人生的道路上：当遇到困难的时候、当碰到挫折的时候、当心灰意冷的时候、当获得点滴进步的时候，“我”都会想起绿绿的爬山虎，那就是叶老的象征，它指引着“我”向着明亮前行。

静心思生长

首先思考“教什么”。长文教学，重在选点，可以“取”其一瓢饮。长文，“取”的是什么？其实就是写一件事、一次深刻的感受。肖复兴这些描写感受的句子，是理解、感悟的重点，也是难点。如果理解了，课文“人文性”的教育价值就实现了。那文本“工具性”的训练点在哪呢？单元导读与课后题非常明确地指引：理解含义深刻的句子，而含义深刻的句子也就是写“感受”的句子。所以，“感受”是“工具性和人文性”的结合点，以感受为线，提领而顿，百毛皆顺。以“感受”为脉，学习方法的渗透、段落的训练、语文综合素养的提升，都在其中。

其次思考“学生需要什么”。在注重教材、思考教什么的时候，教师期望解决的问题，是不是学生需要的经验呢？了解学生的起点，学生提出的问题是“为什么课文写了‘我’和叶圣陶之事，课题却用了‘那片绿绿的爬山虎’？”“为什么作者说是模模糊糊懂得了？”“为什么叶圣陶要帮‘我’修改作文？”“为什么叶圣陶要请‘我’一个初中生去做客？”可见，叶圣陶离学生较远，学生与叶圣陶堪称楷模的人品是相“隔”的，对文中借景抒情，反复描写那片绿绿的爬山虎的做法并不理解。前一个问题是教学的重点，后一个问题是教学难点。

如何在文本立场与儿童立场之间寻找一个最大公约数，实现二者的融合？首先从学生的置疑开始，找到学路、文路的整合点——“叶圣陶的人品、作品”。再循着文章的意脉——“一件事、一次感受”，联系事件，结合上下文，补充资料，深入体会感受。此过程是初步感受叶老品质的过程，也是体会含义深刻的句子的过程，通过这种努力实现“人文性与工具性”的平衡与统一。

我与儿童的课堂相遇（实录节选）

在质疑中寻找学习的起点

师：一齐轻轻地读——

生：一次偶然的机遇，能够改变一个人终生的命运。

师：“偶然”改变“终生”，你们相信吗？写这句话的人是——

生：肖复兴。

师：他为什么这么说呢？让我们走进他的成长故事，读——

生：那片绿绿的爬山虎……

师：打开自学单，预习课文，你有什么问题？

一生：为什么课文写了我和叶圣陶之事，课题却用了“那片绿绿的爬山虎”？

师：一个同学在提问，其他同学应拿起笔，在课文相应的地方做记号。有同样问题的同学举手。

（十多个学生举起了手）

师：掌声送给这些同学，你们会读书会提问，你们读懂了课文写了“我”和叶圣陶之间的事情。

生１：为什么作者说是模模糊糊懂得了？

生２：为什么叶圣陶要帮“我”修改作文？

生3：为什么叶圣陶要请“我”一个初中生去做客？

师：学贵有疑。这些问题无外乎是围绕内容和表达来提，也就是围绕“写了什么”和“怎么写的”来提。

在事件与感受中整体感知

师：课文到底写了什么呢？来，拿出预习单，四人一组，完成“活动一”。

活动一：

1. 在组内读读生词，相互提醒难读或难理解的词语。

2. 讨论：课文写了哪两件事？每一件事“我”的感受是怎样的？

（出示：推荐、删掉、余晖、黄昏、融洽、眼帘、动词、楷模、摇曳、曲线）

师：哪个组把你们认为难读或难理解的词语指出来，给同学们提个醒？

（一生带读）

师：一起字字咬准地读，注意把字形读到你的眼里、心里。

（齐读词语）

师：作者回忆了“我”和叶圣陶爷爷之间的哪几件事？对每一件事“我”分别有什么感受？

生：批改作业和做客交流。

师：对每一件事“我”有什么感受呢？哪个小组用课文中的句子来说？

生：叶老为“我”批改作业，“我”的感受是“我虽然未见叶老先生的面，却从他的批改中感受到他的认真、平和以及温暖，如春风拂面”。

师：把这个长句读成一个四字词语，就叫做——

生：春风拂面。

师：能用自己的话说说什么叫“春风拂面”吗？

生：春天的风吹到脸上。

师：这个“拂”，指的是轻轻地擦过。春天来了，柔柔的春风轻轻吹过脸庞，有什么感觉？

生1：很柔和。

生2：很清爽。

师：吹面不寒杨柳风，清爽、舒适。第二件事的感受？

生：“叶老要我做客，我非常庆幸，自己第一次见到作家，竟是这样一位人品与作品都堪称楷模的大作家。”（一生读，齐读）

师：也把这句话读成一个四字词，就是——

生：堪称楷模。

师：给“楷模”换一个近义词。

生：榜样。

师：观察这两个字的偏旁，猜猜“楷模”这个词和什么有关？

生：“楷”和“模”最早指的都是“树”。

师：楷树刚直挺拔，自古是尊师重教的象征，孔子的弟子就曾经从卫国把楷树移到孔子墓前。

生：相传模树树叶色泽纯正，是各种树的榜样，最早出现在周公墓前。

师：后人把这两个字放到一起，把高风亮节、有表率作用的人叫做——

生：楷模。

师：竖着看板书，你们发现了吗，左边写的是——

生：事情。

师：右边写的是——

生：感受。

师：一件事，一次深刻的感受；一件事，一次深刻的感受。每一件事里都写了感受，我们就联系事情，体会感受。

在深入地体会中品读

师：拿出我们的共学单，完成活动二。

活动二：

1. 任选一件事读一读，哪些词句打动了你？圈画下来。

2. 小组讨论：透过这些词句，你们有什么感受？

（生读书、交流，教师巡视）

师： 哪个小组先来谈谈。

（小组初交流）

师： 你们知不知道叶老为什么要给“我”批改作文？

生： 作文要印成书。

师： 从中你看出叶老的什么？

生： 认真。

师： 我们一起去细看被叶老批改的那篇作文，打开本子——

生： 翻到我的那篇作文，我一下子愣住了：映入眼帘的是红色的修改符号和改动后增添的小字，密密麻麻，几页纸上到处是红色的圈、钩或直线、曲线。

师： 放下手中的课文，自由地读读，看看哪个词会提起你的心，让你感受到认真、春风拂面？

生 1： “密密麻麻”，说明很认真。

师： 这就是语词带给你的感觉，送进去读读。

（生 1 读句子）

师： 每个人关注的词语不一样，还有？

生 2： “到处”，看出批改的非常多。

师： 那就把你的感受送进去读读——

（生 2 读句子）

师： “到处”，“密密麻麻”，这“密密麻麻”联系上文，指的是——

生： 红色的修改符号和改动后增添的小字。

师： “密密麻麻”，联系下文，指的是——

生： 几页纸上到处是红色的圈、钩或直线、曲线。

师： 孩子们，这就是叶老批改的文章，共有 160 多处的修改呢。

（生诧异）

师：平常哪些同学修改过自己的作文？

（生争先恐后地举手）

师：随机采访一下，你每一处是随便圈画的吗？

生：不是，每一个地方都要认真想。

师：你呢？

生：都是仔细琢磨出来的。

师：难怪作者透过这 160 多处仔细琢磨的圈圈画画，感受到——（引读）

生：我虽然未见……

师：回到家，我仔细看了几遍叶老先生对我作文的修改——

生：题目《一张画像》改成《一幅画像》，我立刻感到用字的准确性。类似这样的修改很多，长句断成短句的地方也不少。有一处，我记得十分清楚："怎么你把包几何课本的书皮去掉了呢？"叶老先生改成"怎么你把几何课本的包书纸去掉了呢？"

师：就一个字，一个词，好像也说得过去呀，叶老有必要这样改吗？

生 1：改了就更准确。

生 2：句子更干净。

师：一个字都不能马虎啊，这让我想起叶老的一句话——

生：一字未宜忽，语语悟其神。

师：叶老认为读文章一个字都不能放过，对要发表的作文，他也用这个要求一字一词地批改。

师：不仅如此，作文后面还有一则评语呢。

（一生读）

师：不对呀，叶老不是修改了 160 多处吗？他的评语应当是：用字不够准确，句子不够干净。文中的一些长句子变成短句子，意思更明确。

生：叶老为了保护我的自信心。

师：短短的评语，树立了我写作的信心，带给我温暖。所以，我虽然未见叶老先生的面——

（生读）

师：（出示叶老的资料）同学们，这就是为肖复兴批改作文的叶圣陶老人。当时，他已经是68岁的高龄了，担任国家教育部副部长，是蜚声国内外文坛的大作家。白天，他有做不完的工作；晚上，他拿起20篇作文，一篇一篇、一字一句地批改。看到这样的画面，你又有什么感受呢？

生1：我很感动。

生2：叶圣陶老爷爷很辛苦。

师：这春风哪里仅仅是吹到了脸上，它还吹到了我们的——

生：心里。

师：所以，我，你，在座的每一个同学，虽然未见叶老先生的面——

（指生1读）

师：吹到心里了吗？谁再读？

（指生2读）

（齐读）

师：刚才，我们在联系故事的基础上，借助叶老的资料，深入体会了"我"的感受，这也是一种重要的学习方法。继续用这两种方法，交流"我"第一次见到叶老先生的感受，你们找到了哪些语句？

生1：叶老见了"我"，像会见……

生2：我们的交谈很融洽，仿佛我不是小孩，而是大人，一个他的老朋友。他亲切之中蕴含的认真，质朴之中包含的期待，把我小小的心融化了，以至不知黄昏的到来。

师：（出示句子）交谈中有两个带融字的词语，（"融洽"和"融化"变红）读读这两个词。看"融洽"的"融"应该选哪个解释。

生：选第二个解释，调和，和谐。

师：那融洽就是——

生：感情和谐，关系亲密。

师：再看看融化的"融"应该选哪个解释？

生：选第一个，固体受热变软和化为流体。

师：我们常说冰雪融化，而文中“我”小小的心融化了，这是什么意思呢？

生1：应该是把“我”小小的心感动了。

生2：叶老的关爱把“我”感动了。

生3：“我”的心里顿时涌起了一股暖流。

师：请你通过读将感动传达出来。

（生读）

师：（出示插图）你们看，这是叶老和肖复兴，一位是国家教育部副部长，蜚声国内外文坛的大作家，一个是普普通通的中学生；一个是68岁的老人，一个是15岁的少年。他们才第一次见面，却交谈得那么融洽，透过这个“融洽”，你感受到叶老的什么？

生1：我感受到叶老很和蔼。

生2：叶老很平和。

生：叶老非常平易近人。

生：叶老很真诚地对待“我”。

师：是呀，所以作者第一次见叶老就有这样的感受——

（读句子二）

生：我非常庆幸，自己第一次见到作家，竟是这样一位人品与作品都堪称楷模的大作家。

师：想知道他们当时谈了些什么吗？来看看肖复兴在原文中写到的（出示《那片绿绿的爬山虎原文》，指名朗读）瞧，在那次交谈中，叶老告诉他——（学生读“爱好文学的人不要只读文科的书，一定要多读各科的书。”）这是叶老亲切之中蕴含的认真。他鼓励作者——（学生读“我们中国人一定要搞清楚自己的历史，搞文学的人不搞清楚我们的历史更不行。”）这是叶老质朴之中包含的期待呀。

师：在看课文插图的时候，你们关注到书房挂着的对联了吗？（出示插图，对联放大）

生：得失塞翁马，襟怀孺子牛。

师：叶老从不把个人得失放在心上，像孺子牛那样勤恳、踏实、胸襟广阔。这副对联不就是叶老人品的真实写照吗？所以“我”非常庆幸——

（读句子二）

生：我非常庆幸，自己第一次见到作家，竟是这样一位人品与作品都堪称楷模的大作家。

师：15 岁的那年，“我”还仅仅是模模糊糊懂得了。刚才你问得好，能给“模模糊糊”找一个反义词吗？

生：清清楚楚。

师：是呀，15 岁的时候，“我”的感受还没有那么深刻，那么清晰，只能是——

生：模模糊糊的。

师：联系事件，联系资料，我们的感受更深刻了。两次感受与事情是怎么写的呢？让我们一起来发现，第一次感受是放在事情的中间，第二次事情在前，感受——

生：在后。

师：其实还有一种顺序，叫感受在前。

生：事情在后。

活动三：

小组讨论：你们组最欣赏哪一种顺序，为什么？

1. 感受在前，事情在后。

2. 事情在前，感受在后。

3. 感受在事情叙述的中间。

我们组选择第____种写法。理由是____________________________

____

在表达的赏析中美读

师：学到这，我们还有一个大问题，那就是“为什么用‘那片绿绿的爬山虎’为题？”这爬山虎和事情到底是什么关系？拿起共学单，继续来研究。

活动四：

先划出三处写爬山虎的句子，再小组讨论：“我”分别是在什么情况下看到爬山虎的，当时的心情怎样。

（出示：刚进里院，一墙绿葱葱的爬山虎扑入眼帘……）

师：这是在什么情况下看到的爬山虎？

生：刚进里院。

师：“我”第一次见大作家，心情呢？

生：紧张。

师：看到绿葱葱的爬山虎，“我”的心情怎么样？

生：好多了。

师：表面上写爬山虎，其实写出了作者的心情，这叫——

生：以景写情。

师：第二处爬山虎的句子，哪组来展示？

（生读）

师：这又是在什么情况下看到的？

生：交谈得很融洽的时候。

师：屋内人和人交谈很融洽，屋外的爬山虎也与我们的谈话相融洽，我们分角色读一读。老师读屋内，你们推荐一位同学读屋外。

（师生分角色朗读）

师：屋内、屋外，融为一体。这就叫做——

生：情景交融。

师：第三处呢？一起读。

生：（齐读）在我的眼前，那片爬山虎总是那么绿着。

师：有了前两句的基础，你们觉得总是那么绿着的仅仅是爬山虎吗？

生：不是。

师：这个绿着的也许是哪件事情，也许是深刻的感受，也许是叶老的教导，也许还有一言一行……请以“在‘我’的脑海里，总是

‘绿’着的是______，也是________。”的句式把你的想法写下来。（配乐，生练笔）

生：总是“绿”着的是叶老为“我”修改作文的情景，也是邀请“我”到他家做客的情景。

师：成长途中的两件事，铭刻在心。

生：总是“绿”着的是批改的圈圈钩钩，也是那些密密麻麻的小字。

师：堪称楷模的作品，他忘不了。

生：总是“绿”着的是叶老与他握手的情景，也是交谈时的融洽。

师：在我眼前绿着的，不仅是那虎虎生机的爬山虎，还有叶老那堪称楷模的人品和作品。爬山虎已不单单是景，还凝聚着浓厚的情。所以，课题叫做——

生：那片绿绿的爬山虎。

师：怎样的爬山虎？

生：绿绿的。

师：还是模模糊糊的吗？

生：茂盛的。

师：印在心里，清晰、深刻的。那片，和“那”相对的字是——

生：这。

师：如果爬山虎就在你的眼前，可以说——

生：这片绿绿的爬山虎。

师：读到“那片”，你又有什么发现？

生：爬山虎不在眼前，离得很远。

师：爬山虎距离作者很远，时间相隔很久，暗示浓浓的回忆呀。再读题——

生：那片绿绿的爬山虎。

在情感的升华中延读

师：肖复兴遇到了叶老先生，从此走上了文学创作的道路，成为了著名的主编。肖复兴也常常帮别人修改作文，知道吗？我们手上用的语文课文，很多都是经他的手修改后，编进语文书的。好些课文，我们还学过呢，说说。

生：《去年的树》《卡罗纳》《白鹅》《触摸春天》《巨人的花园》。

师：在修改这些作家的文章时，他写下了这些修改意见——

生：把每一个句子写好；要避免重复；语言的规范和生动；注意细微的地方；去掉多余的连词……

师：这些话熟悉吗？好像谁说的？

生：叶圣陶。

师：叶老先生对他的影响太大了，所以肖复兴会这样深情地说："一次偶然的机遇，能够改变一个人终生的命运。"这句话就是肖复兴原文中的第一句话。其实原文还有一个副标题，读——

我与爬山虎

生：怀念叶圣陶先生。

师：每当作者眼前展现爬山虎的时候，他就会深情地怀念起——

生：叶圣陶先生。

师：每当想起叶圣陶先生，眼前总会展现——

生：那片绿绿的爬山虎。

师：那绿绿的爬山虎中到底还藏着多少需要探究的秘密呢？据说，叶圣陶家的小院里还有芳香的桂树、火红的枫叶，为什么肖复兴只见到爬山虎，偏偏用爬山虎来怀念叶老呢？如果你也有这些问题，甚至还有更多的问题，请课后阅读这篇课文《肖复兴与那片绿绿的爬山虎》，到文中去找答案吧。

感知·感受·感悟：渐入佳境的阅读路径及教学指导

——以“春风拂面”难点突破为例

“能联系上下文，理解词句的意思，体会课文中关键词句表达情意的作用”是《义务教育语文课程标准（2011年版）》第二学段的阅读学习目标之一，历来受到中段语文教师的重视。人教版四年级上册第七组中收入了作家肖复兴怀念叶圣陶先生的一篇散文《那片绿绿的爬山虎》。四年级的学生阅读此文，理解课文的基本内容并不难，但是“知道”并不意味着“感受到”。因此，结合课标要求及学生难点，执教本课时必须关注：如何引导学生借助品读关键词句，进而入情入境地体会作者独特的情感体验。

特级教师王玲湘在执教《那片绿绿的爬山虎》时，恰当地使用多种策略，引导学生在回环反复的阅读中品读关键语句，经由感知、感受、感悟的阅读理解路径，有效突破了学生学习的难点。比如，文中有这样一句话：“我虽然未见叶老先生的面，却从他的批改中感受到他的认真、平和以及温暖，如春风拂面。”作者肖复兴以这样一个凝练的比喻句，含蓄地表达了他阅读叶老修改稿之后的真实感受。这种感受对他而言，其实是一种很独特的生命体验。对于阅读此文的大多数四年级学生而言，因为没有如此幸运的“直接经验”，所以很难深入地体会作者所表达的情感。而王老师遵循学生阅读规律逐步引导，帮助学生突破了这个难点。她的做法非常值得揣摩。

提取信息，寻找“感受”，初步感知“春风拂面”

入课伊始，在学生通过小组交流、全班汇报的方式解决了生字词后，王老师以“课文主要写了哪两件事”“每一件事作者的感受是怎样的”两个问题，引导学生整体感知全文。首先聚焦“事情”，王老师显然是关注了这篇课文作为叙事性作品的特点。在指导学生概括了文章叙述的两件事情之后，王老师继续指导学生借助直接提取的信息迅速找到了作者的感受——“我虽然未见叶老先生的面，却从他的批改中感受到他的认真、平和以及温暖，如春风拂面”。这是本堂课中学生第一次读这句话。

就这样，带着对全文的整体印象，通过“事情+感受”的思维支架，学生找到了作者的感受，初步感知了“春风拂面”。

长句读短，提炼“感受”，认读解释“春风拂面”

当学生准确找出作者对两件事情的感受之后，王老师又提出了新的要求：“把这个长句读成一个四字词语，就叫做——”这时，学生不约而同地说出了“春风拂面”，于是，理解的焦点定格在“春风拂面”上。王老师先指导学生联系生活，通过换词、做动作等体会动词“拂”的轻柔；再将这种源自生活的真实体验送入朗读中，反复品读“春风拂面”；最后，在充分朗读的基础上又抛出问题“什么如春风拂面”，学生自然而然地接读“他的认真、平和以及温暖”。

在这个环节中，王老师所做的其实是引导学生认读并解释“春风拂面”，理解这句话的字面意思。整个过程中，老师并未使用本体、喻体、比喻等概念，就是在自然的朗读过程中引导着学生准确理解字义，结合生活体验初步感受“春风拂面”。

联系事情，体会“感受”，深入感悟“春风拂面”

快速梳理了课文所叙述的“事情”与“感受”，王老师带着学生进入了更深一层的阅读活动——

1. 任选一件事读一读，哪些语句打动了你？圈画下来。

2. 小组讨论：透过这些词句，你们有什么感受？

在布置这项活动之前，王老师就和学生一起明确了活动的目标，即“联系事情，体会感受”。虽是小细节，却有大道理：师生共享学习目标有助于学生高效完成任务，因为“只有当学生获知关于自己学习的信息时，他们才能为自己的学习承担更多的责任”。于是，学生带着明晰的任务投入了合作学习，而老师既给了学生选择的空间，又给了学生充分的品读时间。巡视过程中，老师也再次提醒学生们圈画关键词句。

在小组交流之后的全班汇报阶段，王老师是这样逐层引导学生形成集体阅读经验的：

第一，抓关键词并深入品读，感悟叶老改得“仔细”。比如，在学生关注到“密密麻麻”这个词语时，先启发学生由词语想象画面，理解词语的概念义；进而，回到文本，引导学生联系上下文，明确“密密麻麻”的所指；接着，出示《一张画像》修改稿的图片，借助图像强化“密密麻麻”的视觉印象，与此同时，自然地联系学生的生活实际：“随机采访一下，你每一处是随便圈画的吗？”随机的采访，激活了学生修改作文不易的生活体验。于是，老师适时引读：“我虽然未见叶老先生的面，却从他的批改中感受到他的认真、平和以及温暖，如春风拂面。”

第二，关注修改内容，感悟叶老改得“恰当”。如果说“密密麻麻”只是“映入眼帘”的直观印象，那么，接下来王老师又引导着学生关注叶老修改的具体内容。学生的汇报中提及“一张”被改成了“一副”和“包书纸”两个细节。王老师没有直接问修改前后的表达效果有什么不同，而是很自然地进入文本情境，巧妙地设问：“就一个字，一个词，好像也说得过去呀，叶老有必要这样改吗？”学生紧扣文本的答辩过程，其实正是其领会叶老修改恰当的过程。这时，老师趁热打铁，又引入了叶老“一字未宜忽，语语悟其神”的名言。学生齐声诵读名言，再次感受叶老运用语言文字的严谨。教学至此，王老师再次引读“我虽然未见叶老先生的面，却从他的批改中感受到他的认真、平和以及温暖，如春风拂面。”

第三，对比之中补充材料，感悟叶老良苦用心。在有关修改内容的交流结束后，王老师提示学生关注叶老给肖复兴的评语，进而引导其关注“修改得多”与“评语褒奖”的矛盾，激发学生体会叶老的用心良苦。就在学生于对比中恍然大悟时，老师借助幻灯片出示了叶老的照片，并以深情的语言创设情境：“同学们，这就是为肖复兴批改作文的叶圣陶老爷爷。当时，他已经是68岁的高龄了，担任国家教育部副部长，是蜚声国内外文坛的大作家。白天，他有做不完的工作；晚上，他拿起20篇作文，一篇一篇、一字一句地批改。看到这样的画面，你又有什么感受呢？”就在这样的情境中，师生再次齐读：“我虽然未见叶老先生的面，却从他的批改中感受到他的认真、平和以及温暖，如春风拂面。”

这样层层深入，通过解释词语、联系上下文、联系生活体验、想象画面、结合资料等多种策略，王老师引导着学生行走在字里行间，入情入境地体会着“春风拂面”。此刻的“春风”已不仅仅是吹在脸上了，更吹进了学生们的心中。学生与文本、与作者的隔膜，也就在这回环反复的阅读中渐渐消失了，充盈在学生心中的是与作者肖复兴一样的感动。于是，王老师借机指名让多个同学来朗读这个关键句，让回荡在他们心中的情愫得到释放。

结语：遵循阅读规律的教学指导

反复揣摩王玲湘老师执教《那片绿绿的爬山虎》的这个教学片段，最深的感触即语文课堂上的阅读路径及教学指导一定要遵循阅读本身的规律。“春风拂面”的教学案例至少在以下方面给予我们启示：

其一，引导学生在文本中多走几个来回。学习语言有规律，品读感悟往往不是一次完成的，而是需要反反复复的阅读。根据课堂实录统计，王老师在这节课中指导学生朗读“春风拂面”句不少于七遍，而且是层层深入、渐入佳境。先是在全文阅读中找到这句话，然后聚焦这句话解决学生可能存在的认读障碍，进而又在联系上下文的反复品读中，体会蕴藏在这句话中的思想感情。可以说，回环反复的阅读及朗读，是学生领悟作者情感的基础。

其二，阅读指导要遵循“感知—感受—感悟”三个层次。自 2001 年新世纪语文课程改革以来，老师们在阅读教学时都很重视一入课先“整体感知”。由整体入手，确实是符合阅读规律的。借助全文语境寻找到重点词句之后，还要特别重视用文中语境巧妙串联学生的生活经验，进而引导其感受理解重点词句。而对于隐藏在字面背后的思想情感的揭示，还需要进一步的感悟。这种感悟更多的是“披文以入情”的“以心会心”。教师在指导学生“感悟”的过程中，需要适时适度地运用各种策略。在“春风拂面”的教学案例中，王老师曾多次借助图片帮助学生理解感悟。但是，她每次运用图片，都是在学生品读文字、想象画面之后，这个次序是非常关键的。根据记忆规律，图片信息的刺激远远大于文字；而学语文，必须先咬文嚼字。因此，策略运用也要分先后，不能让图片削弱了学生感悟文字的机会。

其三，形成集体阅读经验需要教师“组织”并“引导”。阅读要尊重学生个性化的体验，但语文课堂上的阅读教学同样也要重视班级集体阅读经验的形成。因为学生正是在一次次师生对话、生生对话的交流中，汲取并丰富着自己的阅读经验。在感知“春风拂面”的环节中，王老师关注的是学生提取信息、提炼信息的能力；在感受“春风拂面”的环节中，王老师指导学生理解重点词语的字面意思，形成解释；在感悟“春风拂面”的环节中，王老师让学生先小组交流后全班汇报，目标分享清晰且有选择空间，确保了学生个体及小组内充分阅读和交流的时间。尤其是在全班汇报阶段，王老师的点拨和引领颇显功底，她使学生的理解感悟层层深入，而不是在原地徘徊。当然，在尊重学生阅读体验的同时引领其逐层深度感悟，需要教师苦练“四两拨千斤”的内功。

北京教育学院初教系　陈晓波

《花脸》

我与文本的邂逅故事

走进清华附小，主题教学的思想光芒与实践探索深深影响了我。主题教学指向立人，将主题与儿童的生命成长编织起来，生发语文教育的意义。回眸我的研究之路，语文教学的研究，缺乏指向素养的高度与厚度。语文教学，该如何引领学生在阅读过程中学会审美、学会成长，实现人格的日趋完善？

在这样的汲取和转化中，我开始关注童年的话题。生命只有一次，童年不能再来，儿童，该怎样对童年进行自我认识？《花脸》一课因此打动了我，走进我的视野。

作为一名语文教师，关注儿童的生命成长，不仅仅是一个文本，更重要的是将之转化为一种真正让儿童站在课堂正中央的教学实践。从质疑开始，真正了解学情的起点，真实倾听学生的心声，带着更有深度的问题走进课堂。

尝试，一种新的开始！

我与文本的深度对话

身兼画家和作家的冯骥才，其绘画与文学天赋在散文里得到了无痕的融合——满篇语言都是画面。《花脸》可以看作是关于“童年”放胆去闹的连环画：画面里色彩渲染出了英雄的凛然正气，画面里线条勾勒出了小男孩的神气与父亲的滑稽。这些画面不仅仅是对童年充满童趣的描绘，更隐含着作者对童年的思考。

本堂课，在学生预学的基础上，引导学生带着问题走进“花脸”，或读或议，或演或赏；展开思辨，放胆去闹……通过种种品析领悟“语言就是画面”的表达特点，帮助学生体会童年“放胆去闹”的自由与快乐，引发他们对留住童年的思考，这种教学思路是在尝试基于“童年”这个创生意义的需要下的“整合”。相信这样授课会激起孩子有关童年的很多思考：自我的与他人的、昨天的与今天的、实在的与想象的……

也许，关于童年，关于童年的自我认识，一堂课只能是播下一粒种子，但我们愿意每天都怀着对儿童的虔诚，让儿童把天性中的声音和形态表现出来！

我与儿童的课堂相遇（实录节选）

交流预学，质疑导入

师： 同学们，听过著名词作家阎肃爷爷创作的《说唱脸谱》吗？那熟悉的旋律、节奏鲜明的锣鼓点儿，是否能让你联想起京剧舞台上演员的一招一式呢？

（播放《说唱脸谱》片段，PPT 不断滚动）

师： 仔细听，认真看，你都看到了哪些脸谱？

生： 窦尔敦、关公、曹操、张飞……

师： 就在赏着脸谱、听着歌声中，我们走进冯骥才先生的《花脸》。（板书：花脸）

师： 冯骥才文中的花脸与《说唱脸谱》中的花脸一样吗？它指什么？

请打开预学单，依据文本的语句作解释。

生：这是一种纸浆轧制成的面具，用渗胶的彩粉画上唱戏的……，却有大将威武不凡的气概，神气得很。

师：相信高年级同学的预学，不会仅仅停留在这。继续聊聊，课文围绕花脸写了哪几件事？

生1：课文写了买花脸、演花脸。

生2：其实还有闯祸。

生3：我觉得闯祸可以改成撕花脸。

师：当然，初读后，你们也一定有自己的疑问。“学贵有疑”，就让我们一起来聊聊问题。

生1：为什么不以“过年”为题，以事物命题？

生2：什么叫祖传的经验？

生3：为什么二姑拍手一说，“爸爸”就不打“我”了？

生4：我想知道文中的“有限的自由”是什么？

生5：男孩子都喜欢放鞭炮，“我”为什么偏偏喜欢花脸？

生6：冯骥才究竟想表达什么呢？

生7：挨打后“我”还喜欢花脸吗？

生8：演花脸为什么分成三个自然段写？

……

师：同学们提问的角度很多，有些同学是从内容上提问，如二姑一拍手，“爸爸”就不打“我”了，这其实与中国人过年的文化有关；有些同学是从表达目的上提问，有些是从表达方式上，还有关注细节方面的，很多问题都与“花脸”有关。于是，我们就从为什么偏偏喜欢花脸入手，展开研究。

共学花脸，言意兼得

走进买花脸

师：几十种花花绿绿的花脸中，为什么偏偏喜爱这花脸？

生：这花脸好特别。

（PPT 出示：这花脸好大，好特别！通面赤红，一双墨眉，眼角雄俊地吊起，头上边突起一块绿包头，长巾贴脸垂下，脸下边是用马尾做的很长的胡须。这花脸与那些愣头愣脑、傻头傻脑、神头鬼脸的都不一样。虽然毫不凶恶，却有股子凛然不可侵犯的庄重之气，咄咄逼人，叫我看得直缩脖子。）

师：跟别的花脸不一样，这是谁的花脸？

生：关羽的。

师：谁能简单介绍关公？

生 1：他是《三国演义》中的大英雄。

生 2：他与刘备、张飞桃园三结义，结拜为三兄弟。

生 3：关羽的武器是青龙偃月刀。

师：形容英雄威风凛凛、盛气凌人的样子，文中有一个四字词语，叫——

生：咄咄逼人。

师：咄咄是个叹词，表示惊奇的声音——

（师模声："咄咄咄咄"）

师：这咄咄逼人的样子，谁能读出来？

（一生读）

师：崇拜英雄，是你们的天性哦，谁还想读？

（一生读，有气势）

师：那样浓那样鲜亮的色彩，真神气呀，（师生合作读）通面——

生：赤红。

师：颜色不够浓烈，一双——

生：墨眉。

师：头上边突起一块——

生：绿包头。

师：带上这花脸，你俨然就是小关公啊。（师生合作读）看这眼角，那叫——

生：雄俊地吊起。

师：几分英气、几分威严。尤其是脸下边的胡须——

生：是用马尾做的很长的胡须。

师：关羽的胡须，二尺多长，铺满胸膛，根根墨黑，好好捋捋，脸下边——

生：是用马尾做的很长的胡须。

师：单个看也就罢了，偏偏放在其他花脸中。你看，别的花脸，愣头愣脑，而这花脸——

生：这花脸好大，好特别！

师：别的花脸傻头傻脑，而这花脸——

生：通面赤红，一双墨眉，眼角雄俊地吊起，头上边突起一块绿包头，长巾贴脸垂下，脸下边是用马尾做的很长的胡须。

师：别的花脸傻头傻脑，而这花脸——

生：虽然毫不凶恶，却有股子凛然不可侵犯的庄重之气。

师：色彩、样子、对比，作为画家的作家，他的语言就是画面。（板书：语言就是画面）这咄咄逼人的英雄关公，又怎能不让小男孩喜欢？

（生齐读）

走进演花脸

师：为什么偏偏喜欢这花脸，我们还可以从演花脸中发现。

（生自由读：我手握大刀，摇晃着肩膀，威风地走进客厅，憋足嗓子叫道："我——姓关，名羽，字云长。"

我越发神气，大刀呼呼抡两圈，摆个张牙舞爪的架势，逗得客人们笑个不停。

我下楼一向不走楼梯。我家楼梯扶手是整根的光亮的圆木，下楼时我便一条腿跨上去，"哧溜"一下滑到底。）

师：从哪感受到小男孩放手去闹的？聊聊。

生1：我从第一句话，他"摇晃着肩膀"，很威风。孩子在家长面前不可能很威风，一般都乖巧可爱的，他今天就很威风，放胆去闹了。后面“憋足嗓子”还可以看出来他声音特别大。

师：联系自己，你平时也不敢，是吗？憋足嗓子，多会抓词啊。

生 2：从第3段，他从圆木上滑下来能看出他放胆去闹，那样很危险。

师：你做了一个对比。

生 3：我从“大刀呼呼抡两圈”，“呼呼”说明刀抡得特别快。

师：还有声音呢。

生 4：我也是从第 2 段，他说他摆了个张牙舞爪的架势，张牙舞爪显示出了他特别放胆去闹，平常是不敢在家里摆张牙舞爪的架势的，他还把大刀呼呼抡两圈，完全表明他放胆去闹。

师：高年级的同学，就是这样抓住不同的词语来感受的。我记得是你，刚才提的一个问题是，演花脸为什么分三段？听了同学们的发言，你有什么启发？

生：我发现每一段都更深一层写了放胆去闹，胆子越来越大。

师：是不是这样？看来带着问题进课堂会有更大的收获。既然是演花脸，那我们就来演演怎么样？哪个同学来试试？请一位男同学。请一个同学给他读一读。

（生 1 读，生 2 表演）

师：别忙着下去，演得怎么样？其他同学根据文本的语言评评。

生 3：他演得挺好的。

生 4：他“呼呼”的动作做得十分逼真，敢放开了去做。

师：我也想采访一下，你演的哪段啊？

生 2：我演的作者扮关羽的时候。

师：演的是关公。关公是什么人？

生 2：是一位武将，是一位大英雄。

师：谢谢你。男孩子们是不是从小都崇拜英雄，都有英雄梦？还记得吗，其实我们上课就有“我”看到关公花脸的那些词语。男同学来读读，看你是不是有那种感觉。

男生：咄咄逼人、神奇、凛然不可侵犯、威风十足、威壮不凡、庄重之气。

师：现在你们都是大英雄了，什么感觉？

生 1：感觉自己很威风。

生 2：觉得自己很厉害。

生 3：觉得自己仿佛成了关公，大将威武不凡，有不可侵犯的感觉。

师：好啊，那就把这种感觉都带进去，看过京剧吗？那还得有亮相哦。我们小组练一练，一个同学演，一个同学读怎么样？看过京剧吗？是不是还有锣鼓点子？咱们民乐团的同学，小组里有的，还可以配配锣鼓点子，选一句开始练吧。

（各小组练习）

师：好，哪组同学上来试试？这回老师可给你们配上了行头哦。你们这一组上来吧。这是青龙偃月刀，还给他配上花脸。咱们有民乐团的吗？配锣鼓点子。其他人愿意配的，一起来。

（小组 1 表演）

师：好啊，这样的亮相，这样的神气，还有锣鼓点子。你们哪个组还愿意试一试？让我们自己选一句在组里演起来吧。自己选。

（小组 2 表演）

师：好，还想往下，那第二句第三句我们一起来读，一起来演。

生：（齐读）我越发神气，大刀呼呼抡两圈，摆个张牙舞爪的架势，逗得客人们笑个不停。

我下楼一向不走楼梯。我家楼梯扶手是整跟的光亮的圆木，下楼时我便一条腿跨上去，“哧溜”一下滑到底。

师：这位作家，上课我们就说了，也是一个画家，我们根据他的语言就演出画面来了。这么读着，这么演着，语言就展现了画面。

（板书：语言、画面）

走进闯祸

师：让我们继续走进闯祸，再去感受，作者是怎么用语言展现出放胆去闹的画面。闯祸在生活中多长时间？

生 1：我认为闯祸在我们平常生活中是非常常见的，大概一两天就闯一次祸。

师：我问的是闯祸发生持续的时间，看来你经常闯祸啊。

生 2：闯祸发生的时间也就几秒钟，几分钟。

师：是啊，可能几分钟甚至很短的一瞬间。可是你们看，作者的语言、文字短吗？

生：不短。

师：那他的文字里都藏着哪些画面呢？我请五位同学来读一读。高年级的同学不动笔墨不读书，其他同学拿起笔。每一句展现了什么画面，你用文中的一个四字词概括一下，给画面题词。

生 1：下午，又有来客进入客厅，妈妈一喊我，我便跨上楼梯扶手飞骑而下，呜呀呀大叫一声闯进客厅，大刀上下一抡。

生 2：谁知用力过猛，脚底没根，身子栽出去，“叭”的一声巨响，大刀正砍在花架上的大瓷瓶上，哗啦啦粉粉碎。

生 3：只见瓷片、瓶里的桃枝和水飞向满屋，一块瓷片从二姑脸旁飞过，险些擦上了。

生 4：屋内如淋急雨，所有人穿的新衣上都是水渍。

生 5：再看爸爸，他像老虎一样直瞪着我，哎哟，一根开花的小桃枝迎面插在他梳得油光光的头发里。

师：来看看，交流一下，聊聊，第一句什么画面？

生 1：闯进客厅。

生 2：飞骑而下。

生 3：呜呀呀大叫一声。

师：咱们就用其中的一个给他题题词——飞骑而下。第二句？

生：我是把两个词合在一块儿，身栽瓶碎。

师：我们俩是知音。的确，可以这么合一合。那第三句呢？

生 1：我觉得第三句应该是飞向满屋。

生 2：我觉得第四句应该是如淋急雨。

师：这是第三句，你画的是？

生 3： 险些擦上。

师： 行啊，咱们可以用你的，也可以用瓷片飞过。第四句大家一起说，这叫——

生： 如淋急雨。

师： 好啊。第五句可有难度了。这个场面叫——

生： 我是把几个字结合在了一块儿，桃枝迎插。

师： 这个真有意思，抓得很好，叫迎插。是的，我下去看到也有几个同学这样画。有意思。你看，整个这么长的文字藏着五个画面，那叫——

生： 飞骑而下、身裁瓶碎、瓷片飞过、如淋急雨、桃枝迎插。

师： 作者又是怎么写的，又是怎么表现放胆去闹的画面的？你挑一个画面谈谈。

生： 我想说的是第五句话，他说"再看爸爸，他像老虎一样直瞪着我"。刚才爸爸还对自己改变了印象，但因为他闯了一件大祸事，所以他爸爸就像老虎一样，有些凶狠还有些恐怖，像要把他吃了一样瞪着他。但是他还把大瓷瓶打碎了，有一枝开花的小桃枝插在爸爸的头上，爸爸当时很严肃，但是头发上还插了桃枝，他爸爸连桃枝都没有发现，就板着脸看着自己孩子。自己孩子就看着自己的爸爸一脸严肃、很板地看着自己，结果脑袋上还插着桃枝。

师： 很多同学都觉得这个特别有意思，是吧？都笑了。刚才我记得也有同学对这句有疑问，就读读这一句。（生读）这爸爸，你们想想，平时是怎么样的？那叫很——

生： 生气。

师： 平时是怎么样的？

生： 平时就比较严肃，但现在非常生气。

师： 严肃的爸爸，此时如此生气，像老虎一样瞪着，还有迎插，所以现在看这爸爸觉得他非常——

生 1： 滑稽。

生 2： 搞笑。

师：从这我们感受到，放胆去闹可不一样哦。那带进去读读。

生：哎哟，一根开花的小桃枝迎面插在他梳得油光光的头发里。

师：把这个画面展现在你脑中，我们也送进去：再看爸爸——

生：再看爸爸，他像老虎一样直瞪着我，哎哟，一根开花的小桃枝迎面插在他梳得油光光的头发里。

师：还想聊聊。

生：我可以从第一句话的"呜呀呀"地叫一声看出来，因为他平时在家里的时候他爸爸那么严厉，肯定不敢大叫一声闯进客厅，所以我觉得他这次闹得有点过分了。

师：他关注了一个声音，叫"呜呀呀"。仔细找找，这里面的声音还不少啊，除了"呜呀呀"还有——

生：呜呀呀、叭、哗啦啦、哎哟。

师：连起来读读。

生：呜呀呀、叭、哗啦啦、哎哟。

师：我能把这些声音拿掉吗?

生1：我认为不能拿掉，因为拿掉描写声音的词后文章不生动，让人感觉他不是特别的放胆去闹，只是小小的、出格的。

师：听明白了吗？有声音更有画面感，那就听你的，把声音送进去，请你来读一读，读到声音的时候，咱们一起来。

生1：下午，又有来客进入客厅，妈妈一喊我，我便跨上楼梯扶手飞骑而下，呜呀呀大叫一声……

师：准备还不够，同学们，这是关羽英雄出场，那节奏还要——

生：紧凑。

师：力量还要——

生：猛。

师：第一句你再来一遍。

生：下午，又有来客进入客厅，妈妈一喊我，我便跨上楼梯扶手飞骑而下。

师：感觉有了，再给点锣鼓点子，准备，咱们一起来——

（音乐）

生：下午，又有来客进入客厅，妈妈一喊我，我便跨上楼梯扶手飞骑而下，呜呀呀大叫一声闯进客厅，大刀上下一抡。谁知用力过猛，脚底没根，身子栽出去，“叭”的一声巨响，大刀正砍在花架上的大瓷瓶上，哗啦啦粉粉碎。只见瓷片、瓶里的桃枝和水飞向满屋，一块瓷片从二姑脸旁飞过，险些擦上了。屋内如淋急雨，所有人穿的新衣上都是水渍。再看爸爸，他像老虎一样直瞪着我，哎哟，一根开花的小桃枝迎面插在他梳得油光光的头发里。

师：掌声送给自己。就是这样，语言即画面，（板书：即）让我们好好感受放胆去闹。这放胆去闹，不就是你们平时的放胆去闹吗？开心吗？

思辨升华，拓展阅读

师：难怪冯骥才会这么写，从这事，我悟到一个祖传的经验——

生：（齐读）从这事，我悟到一个祖传的经验：一年之中唯有过年这几天是孩子们的自由日，在这几天里无论怎样放胆去闹，也不会立刻得到惩罚。这便是所有孩子都盼望过年的更深一层的缘故。

师：刚才有个同学提出了祖传的经验，读到这里，你说说祖传的经验是什么？

生：祖传的经验我觉得应该是很多小孩儿过年时放胆去闹，闹到疯了，就受到惩罚的经验。

师：他还没明白，需要同学帮助一下。什么叫祖传的经验？帮帮他。

生：祖传的经验就是祖宗传下来的经验，过年这几天，孩子们就可以放胆去闹。

师：听他回答我知道了，那叫祖宗传下来吧，几年是这样，几十年、几百年、上千年原来都这样。一年之中——

生：（齐读）一年之中唯有过年这几天是孩子们的自由日，在这几天里无论怎样放胆去闹，也不会立刻得到惩罚。

师：我明白了，那爸爸、爸爸的爸爸，小时候也是这样子的吧？一年之中，唯有——

生：（齐读）一年之中唯有过年这几天是孩子们的自由日，在这几天里无论怎样放胆去闹，也不会立刻得到惩罚。

师：听了你们这样读，我似乎又明白了，那爸爸、爸爸的爸爸，小时候正月初一如果打碎花瓶的话，过了正月十五就会怎么样？

生1：被狠狠地惩罚，新帐旧账一起算。

生2：我觉得可能被死揍一顿。

生3：还会把花脸撕碎，加倍算账。

师：所以，冯骥才会接着写——

生：（齐读）当然那被撕碎的花脸也提醒我，在这有限的自由里可得勒着点自己，当心事后加倍算账。

师：有限的自由，还得勒着点自己吗？你们愿意吗？

生：不愿意。

师：那有限的自由里，为什么要勒着自己？难道“我”错了？究竟是谁错了呢？小组里讨论讨论，“我”错了吗？爸爸错了吗？注意利用你们的学习单。

（小组讨论）

师：小组里很热烈，我们一块来分享。

生1：我们组两种意见。一个是“我”没有错，爸爸错了。我认为，“我”和爸爸都有错。“我”错了，是因为虽然爸爸没有提醒“我”，但“我”放胆去闹也是“我”的不对。爸爸不对的是就算再严厉，也不能死揍一顿。

师：我听着似乎有点儿道理。

生2：我们小组一致认为爸爸没有错。因为爸爸和妈妈给了你一个范围去闹，给客人表演，一起来高兴高兴，但是爸爸妈妈没有支持你去犯错，支持你去闯祸。既然打碎了一个大花瓶，就一定是有错的。因为打碎了一个非常重要的东西，爸爸妈妈没有允许你去打碎，所以我觉得孩子有错，但爸爸没有错。他打碎了可能是在市面上卖几十万、几百万的一件非常重要的东西，是花重金买来的，或祖传的，这个玩意儿打碎了得到的应该不是一点半点的惩罚。所以我觉得爸爸没有狠狠地把他打死，他都已经是非常幸运了。

师：看来你平时是一个乖儿子，还对家里的花瓶作了理性的估价。你不同意？

生 3：我认为“我”是对的，因为在这几天家长并没有提醒“我”不要这样放肆，而且在文章中也说到了，爸爸对“我”另眼看待了，证明家长是支持“我”的，支持“我”去演花脸，好得到客人的掌声，来招待客人。

师：多会从文本里找理由啊，你看爸爸开始的时候另眼相看，妈妈还夸“我”呢，没给提醒，有道理。你不同意？

生 5：我觉得“我”和爸爸都没有错，因为过年这几天可以适当地闹闹，平时都是很拘谨的，唯有过年这几天可以开心地玩，却不能玩到底。爸爸也没有错，如果天天这么放肆的话，那真的管不了了。

师：我知道大家还有很多很多话要说，其实听到这儿，我也觉得，对于儿子来说，童真无忌的他没有错；对于爸爸来说，成人有规，他也没有错。我想，争论也罢，说也罢，聊到这，你也一定想表达自己的想法，无论是对文中的“我”、爸爸，还是童年，拿起共学单，写下来。

（生写）

师：来，咱们一块来交流交流。

生 1：我想对爸爸说，我们固然会犯一些错误，可是童年的时光一去不复返，我们应该珍惜童年这真实和充满快乐的时光。

师：理解是一种幸福，被理解也是一种幸福。

生 2：我想对童年说，童年是人生中很重要的阶段，它是自由和快乐的，是游戏的天堂。

师：说得多好啊，有哲理！“游戏的天堂”，还有人说“玩具是儿童的天使”。

生 3：我想对爸爸说，童年一去不复返，却有很深的回味，留下快乐比留下痛苦好。

生 4：我想对“我”说，童年是一个重要的阶梯，不用害怕闯祸，这只是童年中一个小小的插曲。

师：我相信还有很多很多，谢谢你们，你们用小读者的方式，读懂了冯骥才爷爷的信。其实，冯骥才爷爷就说过这样的话，他的写作就是——

生：人为了听见自己的心才写作。

师：冯骥才爷爷作为画家，他还有一句话——

生：为了看见自己的心才画画。

师：插图是课文的眼睛，插图也是文章的眼睛。知道吗，冯骥才爷爷也为《花脸》插了一幅图，他自己的画，想看吗？

生：想。

师：题目就叫《寻觅》，那他又在寻觅什么呢？

生 1：寻觅童年。

生 2：寻觅童年那些美好的回忆。

生 3：寻觅快乐。

师：真好，原来语言与画面之间共同的通道就是——

生：儿童。

师：就是——

生：自由。

师：多好啊，同学们，原来自由、快乐就是对儿童的解读，就像巴尔扎克说的那样——

生：童年原是一生最美妙的阶段，那时的孩子是一朵花，也是一颗果子，是一片懵懵懂懂的聪明，一种永远不息的活动，一股强烈的欲望。

师：一起读，一种永远不息的活动——

生：一股强烈的欲望。

师：这强烈的欲望，不就是你们，孩子们展现的自由、向往的自由吗？小说《魅力》、电影《美丽人生》又是怎样展示童年的？又带给我们对童年怎样的思考？就让我们带着对童年的思考走出课堂，同学们，下课。

《花脸》教学现场实况

我与师友的观点碰撞

播下一粒“留住童年”的种子

——观《花脸》所感

从教师到教研员，从中学到小学，从农村到省城到京城，始终站在课堂里的著名特级教师王玲湘，用言传身教诠释着其所主张的“为生长而教”的核心理念：在生活化的听、说、读、写语言实践中，整合课内外资源，构建“文言共生”的生态课堂。

这节《花脸》首先体现出王老师对于语文学习规律本身的尊重，那就是什么样的文章便还它什么样的味道。身兼画家和作家的冯骥才，其写作的特点之一就是语言的画面感，其绘画与文学在散文里得到了无痕的融合——满篇语言都是画面。《花脸》可以看作是关于“童年”放胆去闹的连环画：画面里有色彩渲染的英雄凛然正气，画面里有线条勾勒的小男孩神气与父亲滑稽。然而，画面与文字的联系该怎样让儿童体验到呢？王老师特别擅长调动学生的多种感官来体验，学生通过看插图、听音乐、朗读、表演等多种形式，将文本的世界与个人生活的世界建立联系，体验到冯骥才用自己的如花妙笔，不仅描绘出充满童趣的画面，更隐含着作者对童年的思考。儿童在这样的课堂上，语言、思维与精神共同成长，从而创造出“文言共生”的课堂。

“文言共生”的课堂，需要儿童自主体验、自我生成，切忌生硬灌输。怎样让儿童在语文课堂上乐于探究，实现生长？质疑，以及由质疑所引发的顺学而导可以说是本节课的第二个亮点。教师在学生预学的基础上，充分了解学生的疑问，并将学生的疑问恰当整理、分类处理，选取学生比较集中的质疑问题作为共学环节的主问题，这样的设计，将传统语文课上教师以自己提出的核心问题占据课堂的方式彻底颠覆。同时，对于除了核心问题以外的学生的其他问题，王老师避免了只问不答、有问忘答、问此答彼的弊病，将其编织在教学过程的环节中。学生自己提出问题、合作解决问题，解决的是自己和同学提出的真问题，于是语文的学习便成为创生意义的学习，而唯有这样的课堂才是属于童年的课堂。

我与胡兰老师合影于清华附小校园

特别是，王老师到清华附小之后，受清华附小校长、著名特级教师窦桂梅老师“主题教学”的影响，开始深入地思考自己课堂的走向。于是，“情感·思辨”成为她课堂的主线。

课堂上随着对文章理路的讲述，学生感受到童年的情趣与无奈。同时，教师由学生发言和质疑引发的追问：“那有限的自由里，为什么要勒着自己？难道‘我’错了？究竟是谁错了呢？”激发学生无限的关于童年的思考：自我的与他人的、昨天的与今天的、实在的与想象的……学生在对于儿童与成人、自由与约束的思辨中达成了与儿童世界的互通、与成人世界的和解。

也许，关于童年，关于童年的自我认识，一堂课的“整合”只能是播下一粒种子，但，愿以王老师的这节课与老师们分享：每天都怀着对儿童的虔诚，让儿童把天性中的声音和形态表现出来，这才是真正的“为生长而教”。

清华大学附属小学　胡兰

《琥珀》

我与文本的邂逅故事

对于一个儿童的完整培养，该怎样回归儿童生命个体的发展我进行了深入思考。我试图寻找儿童思维的发展，以促进儿童语言、思维、精神的共生共长，实现语文教学主张的突破，故我提出“为生长而教”。《琥珀》是我寻找儿童生命生长的第一篇尝试课文。

备课中，我思考了三个问题。

为什么教?

在公开课中，为什么选教一篇科学小品文？当然是感觉。一读就喜欢，写得真好！科学与文学，天衣无缝地结合：推测，再推测，严谨的逻辑经得起“挑剔”；生动，真生动，故事的情节和语言耐人寻味，值得咀嚼，再咀嚼。除了感觉，我觉得还有一个原因，即语文老师应有的敏感和使命。对于当下的儿童，尤其是生长在城市的儿童而言，铺天盖地的音像视频，已经让儿童的诗趣蒙上了一层灰烬。科学童话如同我们少儿时代的过家家一样，被高大上的各种学习班，抛在垃圾场里了。当读到一份资料说“一百个科学家，也没有一个科学小品作家”时，当了解到培养科学的好奇心，从娃娃开始的重要性时，更对经典的科学小品《琥珀》产生一种敬意。这样一篇好课文，应该发挥它在语文课程中的意义，在儿童成长中的意义。

教什么?

“教什么比怎么教更重要。”语文新课程标准的核心概念是“语文素养”，是指“中小学生具有比较稳定的、最基本的、适应时代发展要求的听说读写能力以及在语文方面表现出来的文学、文章等学识修养和文风、情趣等人格修养”。(温儒敏)

作为一篇科学小品文，“科学味”浓厚，“语文味”淡薄是常见的课堂问题。语文是一门学习语言文字的综合性、实践性课程。毋庸置疑，科学小品文既要抓住“科学性：严谨的推测”，又要体现“文学性：生动的表达”，在听说读写的综合实践中提升学生语言文字、表达方式上的能力，达到科学与文学的共生。

但这还不够，作为一篇经典科学小品，我们还要引导学生关注知识、能力背后折射出来的“对科学的好奇心、探索欲”“科学态度”等人文情怀、精神生长。

怎么教?

如何尊重学生的学习起点，课堂上想学生之所想、真正走心，引导学生在情境化的听说读写实践中真学、实学，实现语言、思维、情感的生长?

课堂上以“学习单”为载体，用“预学”“共学”“延学”三环节，打通课前、课中、课后的通道。具体即交流预学中引导学生带着思考和问题进课堂，真正了解学生中“我的收获”是什么，“我的疑问”有哪些，依据学生的真学情确定课堂学习的起点；研究共学中梳理出的主问题，通过同伴互助、交流研讨的方式，撬动课堂教学，在课文的语言文字中走一个来回；拓展延学中带着问题和思考走出课堂，课上没有解决的关于琥珀的科学知识的问题，可以在课后继续研究；阅读上，从一篇到一本，推荐阅读《乌拉·波拉故事集》。

我与文本的深度对话

《琥珀》是根据德国科学家、科普作家柏吉尔创作的科学童话《乌拉·波拉故事集》中《玻璃棺材》一文改写而成的。全文 1100 余字，共 20 个自然段。从课文的脉络看，全文可以分为三个部分：琥珀的形成（第 1—14 自然段），琥珀的发现（第 15—19 自然段），琥珀的样子和价值（第 20 自然段）。如果用一句话概括课文的主要内容，那就是“从那块琥珀，我们可以推测发生在一万年以前的故事的详细情形”。

文学翻译家顾均正翻译《乌拉·波拉故事集》后评价“这是一部真正的科学童话，是科学与文艺化合而成的结晶体。用包了糖衣的奎宁丸来比它，还嫌不够确切；它是蜜渍的果脯，甜味渗透了一切。”这样的评价对《琥珀》一课也是极为恰当的。《琥珀》写得生动、形象，轻松愉快，蕴藏着关于琥珀的形成、样子、价值等科学知识，且逻辑上滴水不漏，令人叹服。

严谨的推测

全文围绕“推测”一词，从已知的“那块琥珀”，推测到一万年以前故事的“详细情形”，而推测的根据，就是看见的“那块琥珀”——“在那块透明的琥珀里，两个小东西仍旧好好地躺着。我们可以看见苍蝇的翅膀和蜘蛛的长腿，可以看见他们身上的每一根毫毛。我们还可以想象他们当时在黏稠的松脂里怎样挣扎，因为他们的腿的四周显出好几圈黑色的圆环。”

首先，作者根据琥珀形成的四个条件：长时间、高温、松脂、地壳运动，有理有据、一一对应地推测。根据“长时间”推测出故事发生在“约莫一万年以前”（其中的“约莫”可见作者用词的精准）；根据“高温”推测具体时间是“夏天的晌午”；根据“松脂”推测故事发生的地点是“松林里”；根据“地壳运动”推测故事的发展是“海水把森林淹没”“树就断绝了生机”“松脂球成了化石”。

其次，作者是从“那块琥珀”样子的细节推测的。有意思的是，真实的“那块琥珀”里能看见“苍蝇的翅膀”“蜘蛛的长腿”“黑色的圆环”。作者根据这些细节，又逐一推测故事发生的情节。根据“苍蝇的翅膀”推测“一个小苍蝇展开柔嫩的绿翅膀，在太阳光里快乐地飞舞”“她伸起腿来掸掸翅膀，刷那长着一对红眼睛的圆脑袋”“小苍蝇不能掸翅膀了，……”对故事中苍蝇的每一个情节，作者都不忘或展开或掸掸它那对可爱的翅膀。对于“蜘蛛的长腿”“黑色的圆环”，故事情节里也都有对应的细节。

如果，再从纵向的故事情节推，你会发现，情节与情节之间，也都丝丝入扣，一环紧扣一环。这样严谨的推测，带来大量的科学信息，读起来真实可信。

生动的表达

文中大量运用拟人、比喻的修辞方法，在紧张曲折的故事情节中，把科学知识藏于通俗易懂、生动浅显的文字，引发儿童强烈的阅读兴趣，在不经意间，渗透了一些科学知识。

把苍蝇写成一位爱美单纯的少女，在阳光下快乐地舞蹈，把蜘蛛比作一位贪婪的先生，心怀叵测地想吃掉苍蝇，这样的情节新奇又显真实，足以吊起读者阅读的胃口。

文中的细节描写，惟妙惟肖。像对蜘蛛先生的心理活动描写，真是一句有一句的心境，从遗憾、失望到自我安慰，再到有点小担心、忐忑不安，一波三折，读起来颇有趣味。

细节的描写，还随着情节的发展带有情感性。“两只小虫都淹没在老松树的黄色泪珠里”，黄色泪珠，既写出了松脂透明、黄色的特征，更预示着即将发生的“死亡悲剧”，含着对两个小生命的逝去的同情和怜悯。

作为一篇经典译文，《琥珀》里还蕴含着思想的力量、自然的美好，譬如关于“必然”与“偶然”、“瞬间”与“永恒”、“幸”与“不幸”等给人带来的哲学思辨的论述，可让人常读常新！

《琥珀》教学现场实况

我与儿童的课堂相遇（实录节选）

板块一：交流预学，自主质疑

聊聊我们的收获

师：今天我们学习——

生：《琥珀》。

师：这是一篇科学小品文。课前你们已经有预学，打开你们的预学单，我们一起来聊聊“我”的收获——

生：我知道琥珀是……

师：知道他在念什么吗？（……）你告诉大家——

生：小资料。

师：不仅从课文，还从小资料里获取信息，掌声应该送给他。

师：关于课文，你一定还有你的收获。

生：我知道了课文围绕琥珀写了琥珀的形成、发现、样子。

师：你们发现了吗？他是先一部分一部分读懂，再串联起来。其实，概括主要内容，还有一种方法，就是把这篇长课文读成一句话，你认为是哪句？

生：从那块琥珀，我们可以推测出一万年以前的详细情形。

（板书：那块琥珀　推测详细情形）

师：了解这些，只不过是走进课文的开始，"学贵有疑"，在读课文的过程中，你们有什么问题？

说说我们的问题

（出示预学单：我的问题。）

师：我希望每个同学都从独到的视角，提出你自己心里的真问题。

生1：琥珀中的蜘蛛会腐烂吗？

生2：15—19段发现的部分删去的话文章也通顺，有必要写吗？

生3：蜘蛛、苍蝇在琥珀里获得了什么？

生4：琥珀是怎么形成的呢？

生5：琥珀还能保存多久？

生6：第6自然段蜘蛛到底是怎么想的？

生7：所有的琥珀里面都有小虫子吗？琥珀里面有猫、狗吗？

生8：这篇课文算不算童话？……

生9：这篇课文告诉了我们什么？

生10：题目为什么不是《蜘蛛和苍蝇的故事》？

生11：第6自然段为什么把蜘蛛比作"他"？

生12：课文到底是怎么推测出来的？

生 13：为什么前半部分写了一个故事？

……

师：太有意思了，通过读课文，同学们有那么多的问题，有一部分同学对琥珀的科学知识很感兴趣；有一部分同学针对琥珀被发现的 15—19 段的段落要不要写提问；还有些同学的问题关注的是细节，像蜘蛛到底怎么想的，为什么把蜘蛛比作“他”；更有同学从中心句出发，问到底怎么推测。那好啊，我们就试着从这个问题出发，（走到那位同学身边）再说说你的问题。

生：课文到底是怎么推测出来的？

师：其实课文大篇幅写了推测过程，所以我们就从这个问题出发——

板块二：走进共学，探究“推测”

探究“推测”，读起来

（PPT 出示：从那块琥珀，我们可以推测发生在一万年以前的故事的详细情形）

师：一起读。

（生齐读）

师：“推测”是什么意思？找个近义词。

生 1：推想。

生 2：猜测。

生 3：猜想。

师：可不可以把“推测”换成“猜测”？

生：不可以，因为推测是有根据的。

师：既然“推测”是有根据的，那么，到底作者根据那块琥珀的什么来推测的，又推测了什么情形呢？我们不妨先一部分一部分读。

环节一：一部分一部分读

走进“详细情形”

师：先读前半部分，琥珀的形成是一个完整的故事。浏览故事，根据四要素，概括琥珀形成的“详细情形”。

（出示 PPT：走进“详细情形”）

时间	
地点	
“人物”	
事件	

（生默读，填表）

师：故事发生的时间是——

生：夏天的晌午。

师：再说得详细清楚些，是什么时候的夏天晌午？

生：约莫一万年以前的夏天晌午。

生 1：地点是在松树林。

生 2：讲的是蜘蛛吃苍蝇，被松脂裹住变成松脂球，经上万年后再变成琥珀化石。

师：表格帮我们梳理了信息。这些信息都是有依据的吗？请举例说明。

生 1：我觉得一万年以前是有根据的，因为琥珀成形需要很长时间。

生 2：因为气温高，松脂才会落下来，所以，松林这个地点是有依据的。

生 3：我补充，因为从那块琥珀里看见了蜘蛛和苍蝇，两个小虫子也是有依据的。

生 4：我还补充，要地壳运动。

生 5：因为琥珀是化石，地壳运动，才能变成化石。

师：明白了，原来故事的详细情形都是根据琥珀形成的条件来想象的，这就叫——

生：推测。

走进“那块琥珀”

师：首先看第20自然段，这块琥珀不同于一般的琥珀，特别在哪呢？

（一生读，其他同学圈画）

生：琥珀是透明的。

师：具体地说。

生1：看得见苍蝇的翅膀。

生2：还有黑色的圆环和蜘蛛的长腿。

师：也就是说，那块琥珀与众不同，它有——

生：苍蝇的翅膀，蜘蛛的长腿，黑色的圆环。

环节二：前后联系着读

师：可是，可是，那块琥珀里是能看见——

生：苍蝇的翅膀、蜘蛛的长腿、黑色的圆环。

师：详细情形中有写到吗？我们不妨把“那块琥珀”和“详细情形”前后联系起来读，找一找对应的句子并画下来。

（生找、画）

师：我读苍蝇的翅膀，你读——

生1：一个小苍蝇展开柔嫩的绿翅膀，在太阳光里快乐地飞舞。

师：我还读苍蝇的翅膀，你读——

生2：她伸起腿来掸掸翅膀，刷那长着一对红眼睛的圆脑袋。

师：我再读苍蝇的翅膀，你读——

生3：小苍蝇不住地掸绿翅膀，刷圆脑袋，一点儿也不知道蜘蛛越来越近了。

师：有意思的是，所有写小苍蝇情节的句子都有它在——

生：展翅膀、掸翅膀。

师：不是凭空讲故事，情节的推动处处都来自——

生：那块琥珀的样子。

师：这就叫——

生：推测。

师：大家一起，我读，蜘蛛的长腿，你们读——

生：有个蜘蛛划着长长的腿慢慢地爬过来，想把小苍蝇当做一顿美餐。

师：我再读蜘蛛的长腿，你们读——

生：他小心地划动长腿，沿着树干爬下来，离小苍蝇越来越近了。

师：加大难度，我读黑色的圆环，你们读——

生：他们前俯后仰地挣扎了一番，终于不动了。

师：为什么是这一句，想听听你的理解。

生：因为前俯后仰的动作很大，就留下黑色圆环了。

师：详细情形的每一个细节都从"看到"琥珀的样子中来，这才叫——

生：推测。

师：既要推测琥珀是怎么形成的条件，又要符合看到的真实琥珀的样子，这样严谨的推测，就是科学小品文的一个特点——科学性。你们的发现很了不起，与翻译家顾均正很相似呀——

生：科学小品文是科学与艺术化合成的结晶体。

师：你们发现了科学小品文百分之五十的秘密哟，科学小品文还有一个特点，就是——

生：艺术。

师：就是生动、有趣、有意思。课文哪儿最有意思？

生：蜘蛛吃苍蝇。

环节三：深入细致地读

师：那就听你们的，让我们走进故事，你觉得哪儿写得生动有趣，与大家分享。

生：我觉得拟人的写法最有意思，小苍蝇是"她"，爱美的女士，年龄不大，是个爱美的小姑娘；蜘蛛是"他"，一位善谋划的男士；真是太形象了。

师：课前，这位同学问“为什么蜘蛛用单人旁的‘他’”，你们认为呢？

生：“他”表示男性，蜘蛛吃苍蝇，有攻击性，说明是“公”的。（大笑）

师：这种符合小虫子身份的拟人，才显得特别得体、形象啊。

生1：文中动作描写，就是苍蝇“掸掸翅膀”，这个“掸”，轻轻地扫去尘土，动作多轻盈、多可爱。

生2：我觉得作者把蜘蛛的心理活动写得很生动，把蜘蛛的那点儿小心思、小算盘，惟妙惟肖地写出来了。

师：很多同学都对这部分感兴趣，一齐读。

品心理活动

（出示PPT：“哎呀！”他想，“这位小姑娘身子并不大，除去一双绿翅膀，一对触须，剩下的就很少了。不过少虽少，总还是一顿美餐。要是我不小心，被她的大眼睛看见了，她马上飞开，我的美餐就要落空，说不定会饿上一天呢。”）

师：这蜘蛛挺能想的，短短时间想了不少事，谁能把“他”的心理读出来？

（一生读）

师：大家都把蜘蛛的心理活动放在心里，看看他能读出来吗？

（一生读）

师：满意吗？

生：满意。

师：这么简单就满意了。满意吗？

生：不满意。

师：你们也太容易改变态度了。（笑声）要读好不容易，每一句有每一句的心境，看看第一句，用一个词语概括蜘蛛的心情。

生：遗憾。

生：有一点儿失望。

师：把遗憾、失望送进去，现在你是谁？

生：蜘蛛。（笑声）

生：这位小姑娘身子并不大，除去一双绿翅膀，一对触须，剩下的

就很少了。（读得比较平）

师：这小苍蝇不够大呀，遗憾，哎——

（生接读）

师：第二句，可是，蜘蛛的肚子饿得不行啊，所以，它——

生1：安慰。

生2：侥幸。

师：谁来自我安慰？

（一生读）

师：第三句，这么一想，蜘蛛先生反倒——

生：担心。

师：你前面是谁？（生：老师）（笑）那你是谁？（生反应过来：我是蜘蛛）你前面是——

生：苍蝇。（大笑）

师：担心，心提起来了——

（生读，声大）

师：早把苍蝇吓跑了，嘘，小心翼翼，来呀——

生：要是我不小心，被她的大眼睛看见了，她马上飞开，我的美餐就要落空，说不定会饿上一天呢。（嘘声，惟妙惟肖）（热烈掌声）

师：就这起起伏伏的心情，用一个词，那就叫做——

生：一波三折。

师：谁能连起来，还他个一波三折？

（生连起来读，读出变化）

师：（小结）心理活动精彩而又细腻的描写，让科学小品文生动而有趣！

品动词

生1：我喜欢的是“他小心地划动长腿，沿着树干爬下来，离小苍蝇越来越近了。”“划”字用得真生动。

生2：我也觉得“划”把蜘蛛小心翼翼的样子写出来了。

师：这是翻译文本，你们知道顾均正先生用的是哪个动词吗？猜猜。

生 1：可能是“挪”，非常谨慎。

生 2：我觉得，可能是“移”，很慢很慢的。

生 3：也许是“拨”，小心翼翼的。

师：“挪”有挪的缓慢，“移”有移的不易，“拨”有拨的小心，都很好！看顾先生的原文。

（出示 PPT：他小心地搬动长腿，沿着树干爬下来，离小苍蝇越来越近了。）

（齐读）

生：“搬”字很精彩，不容易又很慢，用得好。

师：不同的翻译文本，运用不同的动词，但是，都把动作生动、形象地表现出来。

品情境

师：真的是太有趣了，你们说用什么形式才能把这个故事再现出来？

生 1：有感情地朗读。

生 2：加动作读。

师：那不就是演读吗？好啊，我们把课堂当舞台，一起来分工分角色演读。我们先推荐两个同学，一个读苍蝇，一个读蜘蛛，可别忘了加上动作。大家一起读旁白。

（配乐分角色演读）

……

师：这就是文学的力量！文学多么美好，让所有的生灵有了故事，有了情节的波折，有了无穷的回味。

尝试推测，写下来

师：学到这，我想问，还是“那块琥珀”，一万年以前的故事真的是这样发生的吗？真的就是蜘蛛吃苍蝇吗？

生：不是。

师：如果让你进行推测，那又会是怎样的故事？展开想象，拿起笔，写一写。

生：蜘蛛先生正在玩耍，不小心被松脂滴下来，裹住了，苍蝇小姐不知发生了什么事，刚飞过去要探个究竟，结果也被裹住了。

师：你的故事里，蜘蛛先生和苍蝇小姐都很无辜哦。

生：蜘蛛在网上结网，看见一大滴松脂把苍蝇裹住了，他拉出一根丝，蹭地滑落在树干上，想去营救苍蝇，没想到，刚一探脑袋，也被裹住了。

师：这是个英雄救美的故事，文学的表达，很生动。

……

师：一万年之前的详细情形可能是文中想象的那样，也可能是你们想象中的一种情形，还有可能都不是，因为这个故事原本就是——

生："推测"出来的。

师：可是，对照你的故事，我们能看见苍蝇的翅膀吗？

生：不能。（也有的说能）

师：能看见蜘蛛的长腿、黑色的圆环吗？

（生犹豫，有的悄声说能。）

师：想象要大胆，还要严谨，这才叫——

生：推测。

师：太美妙了，当科学与文学相遇，科学不再枯燥，文学愈加精彩！

环节四：走向延学，拓展阅读

师：当然，还有很多问题我们还没有解决，比如，你（指女生）关心琥珀里蜘蛛和苍蝇的命运，你们说它们在琥珀里是幸运的还是不幸的？为什么？

生1：不幸的，因为它们被松脂包裹住，就死了。

生2：它们挺幸运的，一万年以后我们还能看到它们的样子。

生3：它们是幸运的，因为课文中说"成千上万绿翅膀的苍蝇和八只脚的蜘蛛来了又去了"说明生活中的蜘蛛和苍蝇生命短暂，而琥珀里的蜘蛛和苍蝇却获得了永恒的存在。（热烈的掌声）

师：是呀，到底是千年太久，只争朝夕；还是该让生命不死，遗展千年呢？这真是一个宏大的、值得我们一生追问的哲学问题。课堂的时间太有限了，还有很多问题没解决，如“发现”那部分要不要写，还有科学知识的问题在文本中并没有答案，比如“琥珀里的小虫子能保存多久”，等等。你们说怎么办呢？

生 1：找资料。

生 2：读课外书。

生 3：问科学老师。

师：真好！带着问题走出课堂，这才是我们学习中最大的收获之一。让我们带着收获再读课题——

生：《琥珀》。

师：如果让你给这篇课文取个题目，你会用什么题目？

生 1：两个史前虫子的美丽坟墓。

师：我太崇拜你了！这个题目既有文学味，也有科学性，给人无穷的想象！

生 2：一场殊死的搏斗。

师：你一定是被这个故事迷住了。

生 3：奇异的琥珀。

师：是呀，这块琥珀不是一般的琥珀，它太独特、太珍贵了。知道《琥珀》的原题是什么吗？

（出示：《玻璃棺材》）

生：《玻璃棺材》。

师：这篇文章的作者是德国科学家柏吉尔，著有《乌拉·波拉故事集》，集子里面有《风暴四兄弟》《金刚石和他的兄弟》等 15 个这样的科学小品。

师：你也许没有想到，许多科学家就是在科学小品文的吸引下，从小立志投身于科学研究。例如法拉第小时候读了《谈谈化学》，爱上科学，成为化学家；爱因斯坦读了《自然科学通俗读本》《几何学小书》，爱上了科学，走上了科学家的道路。我们多么幸运，在六年级的课本里读到了科学小品。可惜，一百个科学家中也出不了一个科普作家。科学小品多么美好，阅读多么美好，我多么希望课后我们真的能去读读《乌拉·波拉故事集》，也许，下一个法拉第、下一个爱因斯坦就是——

生： 我们！（热烈的掌声）

师： 我期待——下课！

2015年2月拍摄于美国华盛顿

我与自我的深度对话

课上完了，如果要我用一句话概括此次研究的体会和感受，我要说："生长，源于尊重！"

尊重语文教学的规律。"什么样的文本还它什么样的味道。"科学小品文，如何还它科学与文学并重的味道，实现文路、教路、学路的三路统一？不过既然文本围绕"推测"一词荡开去，既然如何推测是学生的学习难点之一，课堂上我就用"推测"撬动学生的整体学习，还它应有的张力。在"那块琥珀"和"详细情形"间建立联系，引导学生三读三推。一读，一部分一部分地读。走进"详细情形”，提取关于故事发生的时间、地点、人物、事件因素，在此基础上，回到“推测”，让学生思考“这些提取的信息有依据吗？举例说明。”学生在第一次读思结合中，了解到故事中的要素是依据琥珀形成的条件来推测的。走进“那块琥珀”，提取琥珀的特别之处，看见“苍蝇的翅膀”“蜘蛛的长腿”“黑色的圆环”，为什么“琥珀”是这个样子的呢？于是要求学生二读，前后联系着读。找找“那块琥珀”的样子与“详细情形”部分对应之处，用师生对读“我读……”“你读……”的方式来推进。第二次读思结合，发现详细情形中有关小虫子的细节描写都是根据琥珀的样子来推测的。三读，深入细致地读。再次走进“详细情形”，找出故事的生动有趣之处并交流。三读三思，科学小品文的语言、表达都内化在儿童心里了。

教师应当尊重儿童生长的特点，因为每一个儿童都蕴藏着巨大的生命力。课堂要向每一个儿童的真实基础和现实经验开放，向每一个儿童的参与过程开放，并为其提供发展的可能性。从质疑走进课堂，从共同研究走向拓展延伸。教学的过程，是不断地研究、倾听、发现学生，动态创生的过程。在课堂中，学生提出“课题为什么是琥珀？”“苍蝇为什么用女的‘她’，蜘蛛为什么用男的‘他’？”等问题，于是引导学生联系生活，深入教材，创生出别样的精彩。最为感动的是学生的超越教材的思考——“小虫子在琥珀里面是幸运的，还是不幸的？”在热烈的讨论中，课堂点燃了学生哲学启蒙的思考，为他们心与智的生长释放提供了极大的空间。

辑四·生长之悟：

研究中的吐穗

"春种一粒粟，秋收万颗子。"

播种，播的是希望；收割，点燃的是下一个春天的梦想。

梦想，基于成长的儿童，儿童的成长！

"课堂""课研""课改""课题"，

向着明亮那方，志同道合的我们抱团取火。

研究路上的"荆棘"，曾经是"一山放过一山拦"的痛，

研究途中的"甘泉"，滋润了"柳暗花明又一村"的欣喜。

"作个标记"，继续上路！

文体之悟：以古诗文教学为例

什么文体还它什么味道！

对古诗教学的课题研究，一做就是两年。当课题即将结题的时候，竟然“近乡情怯”，唯恐思考的浅薄贻笑大方。但那些沉浸在古诗教学研究的日子是那么清晰：研究路上的“荆棘”带给老师们“一山放过一山拦”的痛，研究途中的“甘泉”带给老师们“柳暗花明又一村”的欣喜，点点滴滴、历历在目。在研究的路上“作个标记”吧，方便同行的老师取一勺，用以石激火的方式推动古诗教学研究，是我们最大的心愿！

“读”是古诗教学的根本

“想明白一件事物的本质，最好先研究它的起源”。（朱光潜《诗论》）由此我联想到古诗文教学的根本。古诗作为汉语文本中最具有“歌”性的文体，合辙押韵，旋律优美，譬如李叔同的《送别》配乐歌唱，别有一番滋味。即使是不能配乐歌唱的作品，读起来也节奏分明，抑扬顿挫，朗朗上口，全无诘屈聱牙的感觉。古诗教学最根本的策略应该是“读”，离开读，古诗教学便成为无本之木、无源之水了。

这个观点似乎没有什么新意。但怎么做到“读出意、读出形、读出味、读出神”（杨再隋），因为让古诗教学根深、根壮，枝繁叶茂，似乎又不是一件容易的事。我们认为“读”要顺应学情，应如同剥笋，层层深入，不可违反学习的规律。我们将“读”大体分四个层次：初读，字正腔圆，读准读通；再读，有板有眼，读出节奏；悟读，有滋有味，读出诗意；诵读，有声有色，读出诗境。

初读正音，“严”字当头

研究前期，老师们没把初读的“严”字当回事，总认为初读就是指学生读一遍，全班读一遍，是不费力气的过场环节。但进入后面的学习环节后便发现，课堂教学中频频出现类似的情景：《春晓》快上完了，学生读的时候仍是每一句诗的末尾吃掉了尾音；《春日》中“胜日寻芳泗水滨”的平舌音“泗”，翘舌音“水”，前鼻音“滨”，三个字放在一起就像绕口令，学生口含萝卜——读不清。

“初读要‘严’字当头，一点儿都马虎不得。”实验老师达成共识：初读抓正音，学生要读得字字准确，字字饱满，字字响亮。如进行《小池》的生字教学时，教师要抓住“阴”“晴”前后鼻音的比较，“露”“柔”边音与翘舌音的对比，运用“师带生做手势，念顺口溜：舌头平平露，露，露；舌头翘起，柔，柔，柔”。通过这样教学，教师很好地让学生明确、清晰地掌握了难点字音。

教学形式的背后是“停顿”

2009年春天，从杭州听课回来的火车上，大家的话匣一打开，不约而同地热议到王崧舟老师执教《枫桥夜泊》时一个读的环节——

师：一起来读读，你们读前四字，老师读后三字。（师生合作读，生读“月落乌啼”，师读“霜满天”）

师：再反过来，老师读前四字，你们读后三字。（师生再合作读）

师：老师读题目，你们读诗句。（生齐读）

这种教学形式的背后就是朗读的“停顿”。其一，师读四个字、生读三个字，自然形成了七言诗句的“二二二一”式停顿；其二，教师在合作朗读中，起着示范的作用，与学生的读形成鲜明对比，学生在倾听、模仿中调整读的语调、速度、轻重、延音，效果直接。

“停顿是朗诵的灵魂”。古诗教学中，教师要引导学生大体把握朗读的停顿，渗透不同格律诗的停顿规律。如五言诗的“二二一式”——“春眠/不觉/晓”，“二一二式”——“处处/闻/啼鸟”；七言诗的“二二二一式”——“胜日/寻芳/泗水/滨”，“二二一二式”——“万条/垂下/绿/丝绦”等。

于是，执教《草》的老师，采用画停顿线的方式，引导学生在有逗号的地方停顿大一些，画停顿线的地方音断意连，如“离离/原上/草”；于是，执教《黄鹤楼送孟浩然之广陵》的老师，采用师生叠读的方式，如生读“故人西辞黄鹤楼”，师叠读“黄—鹤—楼——”，增强了古诗回环起伏、委婉动听的韵律感和节奏感。

悟读，“语言”与“人文”共生

古诗“只可意会不可言传”，教学中过多的理性分析会冲淡诗句的神韵，课堂便索然无味；大量充斥的人文开掘使课堂虽激情飞扬，却冲垮了诗句的语言根基。意象是诗的关键，意境是诗的灵魂。古诗教学要善于抓牵一发而动全身的关键字、词、句，把语言符号转化为鲜活的意象，实现“文言共生”，诗中的滋味只有通过节奏鲜明、音韵和谐的悟读，才能表现出来。

悟读：炼“言”固本不放松。古诗文教学要凸显语文课姓语的特点，进行扎实的古文训练，理直气壮地炼字、炼词和炼句，开展语言文字实践，感受文言文特点，培养学生古诗文语感，咬定青山不放松，做到本色、扎实。比如，“离离”的古意是“形容高大茂盛的样子”，在现代该意十分少见。我们在教学《草》时，是这样做的：“原野上的小草长得什么样呢？第一句诗中哪个词写了？”学生找到“离离”；让学生用“离”字组词，感知“离”在现代文中的意思；出示《辞源》中“离离”的三种意思，让学生进行选择；根据辞源中的第一种解释“茂盛的样子”，引导学生联系生活，说说“自己看到过的茂盛小草长得什么样”；在理解“离离”的基础上，指导学生朗读“离离原上草”。经过如此扎实细致的语言文字教学，学生对“离离”的古意和所蕴含的意境美能不感悟深刻吗？

悟读：“文”从“言”中潺潺流。教师要善于抓诗眼，抓文眼，抓牵一发而动全身的字、词、句，设置“课眼”。重点挖掘拓展，辨析、品悟关键性语言，以点亮全诗文，点亮整节课堂，让“文”之清泉在“言”的石上潺潺而流。比如，《题西林壁》抓“身”，就可以很好地悟读出“身不同”而导致人“不识真面目”的哲理。

醉里“读”音相媚好

“断竹，续竹，飞土，逐肉。”——《弹歌》

每次读到这首中国最早的诗歌，头脑中总会展现上古时代的人们在庆典、征战时举行的活动仪式上，沉醉其中、载歌载舞、酣畅淋漓的场面。应当指导学生在品味古诗语言、理解诗意、体会诗情的基础上，入情入境地读，还古诗本来的性情，还古诗固有的味道。

在情境体验中“诵之”。可以让学生亲历诗画诗景，在物我相融中，当一回诗人，如《望天门山》的引诵——

师：看，（配合课件图景的展示）在那水天相接的地方，一条小船慢慢地驶过来了。我们坐上这只小船，望见这样的山——

生：天门中断楚江开。

师：望见这样的水——

生：碧水东流至此回……

可以创设情境引学生读，如展示大兴安岭发生百年不遇的特大森林火灾，22 年后又是一片茂盛的林海的情境，引导学生诵“野火烧不尽，春风吹又生”。

伴随着态势语“舞之”。教师的手势语在古诗朗读中起着两个作用：一是教师态势语的形象性和表情性，很好地帮助学生走进诗词描写的内容，增强了学生的感性体验，降低了他们理解古诗的难度；二是起着无声的指挥作用。教师挥动着手像指挥音乐一样，用这种方法指导学生读古诗句，能帮学生很好地感受节奏和音韵。可以鼓励学生读到情深处，摇头晃脑、手舞足蹈，把感受和体验通过体态语尽情地“发泄”出来。

还可以变读为唱。教学中，我们还可以根据诗词的情感基调和意境，自由地选择曲调来配唱，如读《绝句》时选择《让我们荡起双桨》的旋律来唱，学生兴致盎然。也可以配乐诵读，选择与诗文内容或情绪相和的音乐，让学生“顺利”地沉浸文中，实现与文本内容的亲密接触，获得独到的体会和感受。如《秋思》可以配上陈悦的《乱红》，不断重复哀婉低回的旋律，层层递进的笛声，映衬着诗人客居他乡、对家乡亲人的深切思念。

扇动“想象”的羽翼

《红楼梦》中香菱学诗的片段耐人寻味：

“据我看来，诗的好处，有口里说不出来的意思，想去却是逼真的。有似乎无理的，想去竟是有理有情的。”黛玉笑道：“这话有了意思，但不知你从何处想？”香菱笑道：“我看他《塞上》一首，那一联云：‘大漠孤烟直，长河落日圆。’想来烟如何直？日自然是圆的：这‘直’字似无理，‘圆’字似太俗。合上书一想，倒像是见了这景的。若说再找两个字换这两个字，竟再找不出两个字来。”

香菱学诗的故事给我们的古诗教学带来两点启示：

其一，古诗中“口里说不出来的意思”要通过“想象”，因为“想去竟是有理有情的”，“诗可以解作想象的表现”（雪莱）。

其二，“想象”是整体意象观照下的想象。在教学中，不要字字想、词词想、处处想，“‘直’字似无理，‘圆’字似太俗”，过细过碎；

也不要漫无目的、枝枝蔓蔓地想。

从“眼睛”想到“心灵”

古人评诗时常用“诗眼”一词，“诗眼”往往是指一句诗中最精练传神的字、词。教师要善于抓“诗眼”，抓诗中最能表达意境，传递情感的关键字、关键词、关键句，设置“课眼”，引导学生重点品读、发挥想象，以点亮全诗，点亮整节课堂。

我们教学《清平乐·村居》时，把“醉”这个关键字作为“诗眼”，设为“课眼”，问“翁媪为什么而醉”？帮助学生多方品味，把整首词意理解统领起来，想象醉在“溪上青青草”的优美田园风光，醉在大儿锄豆、二儿织笼的勤劳以及小儿卧剥莲蓬的无赖。进一步理解，“醉”表面是醉酒，实质是陶醉在恬淡美好的田园生活中，饱含了词人对这样的生活的深情向往。经历这样的想象过程，字词的本意、喻义理解了，诗词的情感领悟了，学生也得到心灵的洗礼。

想象的切入点在古诗的空白处

据说，老舍先生请齐白石用“蛙声十里出山泉”为题作画。齐白石利用诗句“听觉”与“视觉”的空白，展开丰富想象，画出了一幅令人拍案叫绝之作：在一远山的映衬下，从山涧的乱石中泻出一道急流，六只蝌蚪在急流中摇曳着小尾巴顺流而下，活泼地戏水玩耍。

古诗语言，处处留白。我们在教学中，尤其注意古诗语言断裂，空白出现后的内在联系，利用空白，找准引发想象的切入点，引导学生合理想象，补充作品的连贯性。《送元二使安西》的后两句“劝君更进一杯酒，西出阳关无故人”，从字面上看似乎只是劝酒，实际上却含着送友人的千般思绪，几多话语。教学中，我们抓住这个空白点，还原王维和元二别离的情景，“与君离别意，化作杯中酒，此时的王维一定有很多话想对元二说，也许是祝福，也许是叮咛，也许是牵挂，也许是……假如你是王维，端起这杯酒，你会怎么说？拿起你的笔，以‘元二呀元二——’作为开头，把你想到的写下来。”在深情补写中，在真情话别中，在千言万语、千叮万嘱中，学生神思飞越，浮想联翩，体会到了王维与元二的深沉情感。

“情境”往往成为想象的契机

古诗词言简意丰，用字凝练。怎样才能达到“读进去”又“想起来”，并通过“想象”再现文本的意象呢？李吉林老师的情境教学法给了我们很大的启示：把教材内容与所展示的、所想象的生活情境联系起来，整体呈现在学生眼前，给学生造成“直接的印象”时，又成为“需要的推动”。这种状态下，大脑贮存的表象便会重新组合，形成“想象”。因此，情境往往成为学生想象的契机。

用声情并茂的语言描述来创设情境。为了感受《乡村四月》“绿满山原”的景象，我们把文中“白描”变成“工笔细描”，设计细致深情的描述语：“山原是什么？其实，就是江南的丘陵。那小山连着平地，平地连着小山，平地、小山，小山、平地，交错着，这就是——（生：山原）”“什么叫绿满呢？让我们来到山间，看啊，山脚的原野——绿了；往山脚下看——绿了；往上看，山腰——绿了；再往上，山顶——也绿了；一座又一座的小山——绿了，一片又一片的原野——也绿了，小山平地、平地小山都绿了，这就是诗人所描写的——（生：绿满山原）。”

用假设的生活场景来创设对话情境。《春晓》诗中“处处闻啼鸟”一句的“处处”，渲染出户外的无限春光。怎么让“处处”二字转化成可知可感的画面和情境呢？我们尝试了一个教学片段：

师：孟浩然被这么多鸟叫声吵醒，他起床来到窗边，听到哪儿有鸟叫？

师：听一听，找一找，近处的在——

生：花园里。

师：往上瞧——

生：屋顶上。

师：再高一点——

生1：树枝上。

生2：天空中。

师：想想，还有远处的——

生1：小河边。

生2：山林间。

生3：田野上。

师：远处、近处、上面、下面、左边、右边，到处都听到鸟的叫声，这就叫——（出示词卡：处处）

“处处闻啼鸟”是无限风光的具体意象，教师抓住“处处”二字，引导学生把它变成可感可知的情境：“花园里”“屋顶上”“天空中”“小河边”……，把学生带入了无限春光竞鸟鸣的灵动意境中。

用色彩鲜明的图画来创设情境。“诗画兼具，则传神也。”《小池》描写了一幅生动的小池风物图。在教学中，我们试着请学生找找每一句里都写了一种什么景物，相机板画一个泉眼、一道细流、一池树阴、几支嫩嫩的荷叶、一只小小的蜻蜓。寥寥数笔，简洁明快，惟妙惟肖的板画展现了一个小池的整体风物，师生也在找找画画中完成了对诗作内容的概想。

穿行于教学过程中的“链接”艺术

曾经看过一个学校教师的文艺演出，其中“另类时装表演秀”的节目让大家大开眼界、惊诧不已，以为妙绝。因为几位“模特”走台展示时所穿的几款“时装”所用材料居然都是废旧物品——光盘、报纸、彩色塑料袋等。

废物经过恰当巧妙地拼接、组合，居然能成为最富有创意和个性的“时装”，这让我们联想到电影剪辑、组合技术“蒙太奇”，它让电影表现力更强了；网络“超级链接”，它让同类信息更集中、更深入。

如果古诗教学来一些链接、拓展，是否会让古诗的内涵更丰富，学生感悟更到位、更深刻呢？

答案是肯定的。一首诗往往是作者经历、思想感情的外现。教学一首古诗，就是走近一位作者，解读一种生活，阐释一段历史。从这个角度上看，“链接”对古诗教学来说，是非常必要的。况且古诗浩如烟海，许多诗句都有出处、类似之处，讲究“用典”，这为链接留下了巨大的空间。比如，宋代黄庭坚的“可惜不当湖水面，银山堆里看青山”就是从刘禹锡《望洞庭》的“遥望洞庭山水翠，白银盘里一青螺”脱化而出。

但“链接”不是节外生枝，更不能喧宾夺主。如果把古诗教学比作一个圆，文本是“圆心”，“链接”应是以圆心为向心力的“圆弧”。也就是说，“链接”应当是基于文本，立足文本，贴近文本，适时、适用、适度地运用的。

链接，理解古诗意象的另一把钥匙

如果说“想象”是打通学生与诗作意象的主要策略的话，那么“链接”就让我们在古诗教学中多了一把引导学生理解意象的钥匙。

链接在词意理解的“阻滞”处。古诗文用字精炼，生动传神，匠心独具。“春风又绿江南岸”的“绿”字，“僧敲月下门”的“敲”字……都是学生不易揣摩到的。我们尝试用链接唤醒学生的理解、体验，为词意理解打开另一扇窗。上《游山西村》时，为了帮助学生理解“柳暗花明”一词，我们链接了三组四字词语：绿树成荫，繁花似锦；枝繁叶茂，万紫千红；柳荫深深，鲜花簇簇。

师：边想象画面边来读读，男生读左边的词语，女生读右边的词语。

师：春天的柳树绿树成荫，绿树成荫我们可以说——（生：柳暗），春天的鲜花繁花似锦，繁花似锦我们可以说——（生：花明），绿树成荫、繁花似锦就是——（生：柳暗花明）。

师：用学过的词语来帮助解释和理解新词，也是一种学习的好方法。枝繁叶茂、万紫千红，这也是——（生：柳暗花明），春天的柳荫深深、鲜花簇簇，这还是——（生：柳暗花明）。

学生不好理解“柳暗花明”中的“暗”，巧妙引入熟知的四字词语，以旧解新，学生对词的理解的确从混沌模糊到“柳暗花明”了。

链接在句意理解的“阻滞”处。古诗经典名句，往往是作者“捻断数茎须”而得的。这些诗句，可以联系在题材或艺术风格上具有相关性或相似性的其他诗句，与“文句”形成“互文”，两相鉴照，丰富意象，理解诗句。

教学《春日》“万紫千红总是春”一句时，我们在学生充分想象的基础上，链接其他诗人描写春光的诗句：王维的“桃红复含宿雨，柳绿更带朝烟”，岑参的“梨花千树雪，杨叶万条烟”，贺知章的“碧玉妆成一树高，万条垂下绿丝绦”，叶绍翁的“春色满园关不住，一枝红杏出墙来”……引导学生感悟，粉得如霞的桃花，白得似雪的梨花，绿得如玉的柳树，红得像火的杏花，加上大家脑海中想象到的，就是朱熹笔下的——万紫千红总是春。

链接在文意理解的“阻滞”处。《题西林壁》诗中有景，景中有情，景中蕴理。学这类诗文，要在“景”与“理”，“事”与“理”之间铺路架桥，巧妙链接，学生才能实现与诗人心同此情，意同此理。

理解诗句“只缘身在此山中”时，我们链接苏轼初入庐山时作的《初入庐山》：青山若无素，偃蹇不相亲。要识庐山面，他年是故人。通过对比苏轼“要识”的初衷与最终“不识”的结果，引发学生心底的疑问“为什么不识？”，在对话中明白“身在此山中”与“不识”之间的关系。课末，再次链接其他诗人歌咏庐山的诗句：李白的“飞流直下三千尺，疑是银河落九天”，白居易的“人间四月芳菲尽，山寺桃花始盛开”，毛泽东的“天生一个仙人洞，无限风光在险峰”。通过对比诗句引导学生感悟：同是庐山，不同的人有不同的感受，这也正是《题西林壁》中所说的“横看成岭侧成峰，远近高低各不同”的道理。

链接，缩短学生与诗作的心距

心同诗作情。不少古诗是反映社会生活，抒发作者的思想感情的。借助链接，把学生带到作者生活的那个年代，感受作者正面临的环境，再现诗文的情境，能加深学生对诗情的领悟。《送元二使安西》的“伤别离”，学生是较难领悟到的。用课件展示“古地图”，补充“从渭城（今陕西咸阳市）至阳关（今甘肃敦煌县），到安西（今新疆库车县），此行3000多公里，横穿了大半个中国，用当时最好的交通工具——马车，要走半年多”的资料，引导学生感受“远”；课件配乐展示“荒凉戈壁图”，补充“安西地处荒远，乃化外之地，茫茫沙漠，赤地千里，土地瘠薄，人烟稀少。文化、风物远落后于中原乃不争之实”，“是中原人眼中的蛮荒之地”，引导学生感受“荒凉”。适时的知识和资料链接，学生很快悟到朋友“一去不知何时归”的离别愁。

情同诗作理。诗人远逝，时光隔阂，要深入走进古诗，还须了解作者的人生境遇，把作品放进时代的大背景中，“知人论世”，理解诗中蕴含的哲理。教学《游山西村》，我们链接陆游一生的坎坷经历，引导学生从中感受陆游一次又一次被罢官，一次又一次遭受挫折，却始终心存希望，矢志不渝的状态，从而触摸到诗作蕴含的面对困境，永不言弃的哲理。

让“链接”贴着文本适时潜入

对古诗的理解不是一步到位的，有时呈层层剥笋势，有时呈点点入境态。不能认为链接就是给学生上饕餮大餐，一股脑地将知识集中塞给学生，造成其“消化不良”。而应以需要为基础，准确选择链接点，准确把握链接时机，随“需”潜入“课”，润“教”细无声。

如执教《独坐敬亭山》时，课始链接重阳节李白在宣城独自一人游敬亭山的史料故事，帮助学生了解写作背景，理解人山“相看”。课中链接李白 53 岁时，被贬十年，心情孤寂的故事，知人论世，感悟人山“相知”；课尾链接李白七次登上敬亭山的史料，李白《梦游天姥吟留别》《关山月》等诗中关于“山”的名句，体会人山“相悦”。

结　语

落笔的时候，仍惴惴不安

博大精深的古诗是浩瀚的海。在通往大海的研究路上，我和老师们只是登上了一座小山。驻足，遥望，“在山的那边”依然是“巍巍青山紧相连”。这些用碎片般的思考作的“标记”当怎么延伸下去呢？

我们依稀听到了“……海依然在远方为我喧腾”，我们一定能牵手更多的同行者“一次次鼓起信心向前走去”（王家新）！

取舍之间：以“长文短教”为例

舍得，舍得，有舍才有得！

“长文”，是指那些文字多、篇幅长、容量大的文章。一般来讲，我们把小学语文教材中，第二学段在800字以上、第三学段在1000字以上的现代文称作长文。

新课程实施以来，新课标人教版教材选入了大量文质兼美的长文，且在教材中所占比例随年级的升高而逐年升高。因文字较多、内容丰富、信息繁冗，教师在实际教学中难以驾驭这些“长文”，往往费时多、收效微，造成教师怕教长文，学生厌学长文的现象。如何辩证解决“长文”教学内容与教学时间的矛盾，实现“短教”，是阅读教学中亟待解决的一个难点，“对它的成功探索，将影响所有文章的教学处理”（余映潮）。

从内容和形式的角度出发，长文教学的问题可以归结为“教什么”和“怎么教”的问题。“教什么”聚焦的是教学内容的取舍，“怎么教”研究的则是教学策略的展开。可见，教学内容的取舍与教学策略的展开是实现有效长文短教的两部曲。

长文教学内容的“取舍”：取其“一点”

“长文”文本内容的丰富性和隐秘性决定长文教学价值的多重性。

在有限的教学时间内，“长文”教学内容切忌贪多求全，面面俱到。“弱水三千只取一瓢”，“长文”教学内容的选择要遵循“有取有舍、取舍得当”的原则，力求“一课一得”。正如著名特级教师余映潮所说：“无论怎样处理，无论运用什么手法，长文短教都重在一个‘短’字。这个‘短’字，又主要表现在‘点’上。也就是说，长文短教的主要技巧在于‘选点’。”也就是说，长文教学最重要的是从冗长的教学内容中选出“教学点”，取出“这一瓢”。这不是一个简单的选择题，它需要教师历经深入研读文本的过程。

冗入长文，展开细读

语文教师要冗入长文，入乎其内，出乎其外，潜心把玩。著名特级教师钱梦龙老师“每教一篇课文之前，我总要反反复复地读，或朗诵，或默想，或圈点，直到‘品’出了味儿，才决定教什么和怎样教”。著名特级教师于永正上公开课之前，课文往往已读了不下50遍。语文教师拿到一篇长文，首先要从文题、文意、文脉、文旨、文法、文体等几个方面较全面地把握文本。

文题。长文虽长，题目是文本的眼睛。有的题目就是文章的主要内容，如《开国大典》《真理诞生于一百个问号之后》《将相和》等；有的题目定语后面的中心词就是主要内容，像《跨越百年的美丽》围绕“美丽”表现的几个方面组材等。也有的题目富含深意，借景抒情，需要联系文本内容与写作背景来解读，如《那片绿绿的爬山虎》，课题为什么用的是“那片”，而不是“这片”呢？如果爬山虎就在眼前，可以用“这片”，本文是作者肖复兴在纪念叶圣陶逝世三十周年时写下的，是回忆中的爬山虎，所以用“那片”。一个“那”字把人带进回忆、遐想的情境中。“绿绿的”呢？写出爬山虎葱郁的生机，虽是记忆中的，但却清晰、深刻、充满活力。

文意和文旨。文意，指的是长文的主要内容；文旨，是长文的思想内涵，即我们通常说的思想感情。长文的文字信息量大，文意和文旨的解读要精准，注意不要因文字内容多而肢解文本、嚼碎文本，形成随心所欲的滥读、误读。如《鸟的天堂》描绘了充满生机的大榕树、活泼可爱的小鸟，展示了一派美丽动人的南国风光，表达了作者对大自然生命力的热爱和赞美。有的老师一叶障目，非要抓住“活泼可爱的小鸟”的画面，读成“要环保，要爱护小鸟”等主旨；注意不要把科学的真实与文学的虚构真实划等号，如《地震中的父与子》，有的老师非要坚持美国那一场地震没有倒塌房屋等。

文脉，简言之就是指长文呈现的先后顺序、脉络。解读长文要善于发现展示脉络的关键词、关键句。写人、叙事、写活动的长文大多按时间顺序、事情发展顺序写。如《开国大典》按时间顺序写了四个盛大隆重的场面——入场、大会、阅兵、游行，文中四个含具体时间、事件的句子分别对应这四个场面，从这四个句子入手，理清文脉就简单明了了。在“大会”这个场面中，作者又用三个“接着”把宣布成立、升国旗、宣读公告这三件事连起来，所以这部分突破脉络的重点可以抓三个“接着”。

文言，长文的语言特色。每一篇长文，因作者不同、体裁各异、题材千面，语文风格或语言特点是迥然不同的。比如，说明文用词精准，在《飞向蓝天的恐龙》一文中，像“恐龙的一支经过漫长的演化，最终变成了凌空翱翔的鸟儿”一句中的“一支”“漫长的演化”等词，值得好好咀嚼;《北京的春节》的作者是堪称“语言艺术大师”的老舍，全文的语言简洁朴实，像“一擦黑”“清一色”等口语化的词语，“杂拌儿”“零七八碎儿”等词的儿化音，“掺和”等词的轻声，无不透着京腔的口语味；像“这不是粥，而是小型的农业展览会”朴实生动的比喻，“到年底，蒜泡得色如翡翠，醋也有了些辣味，色味双美，使人忍不住多吃几个饺子”生动形象的描述，都有“眼前有景道不得，崔颢题诗在上头”之感。解读中要注意区分，品悟语言的准确与巧妙。

文法，即长文的写作方法，是“这一篇”在结构、表达方式等方面不同于其他篇的特殊处。《跨越百年的美丽》这篇散文“形、事、理”有机结合，“形象”美关键句中的“坚定”和“淡泊”，分别对应的“事例”是提炼镭、捐奖金、赠奖章，每类事例后联结着含义深刻的“哲理”。写法的“密码”破译了，教学结构便会迎刃而解。如下图：

跨越百年的美丽		
形	事	理
坚定	提炼镭	人生意义
淡泊	捐奖金、送奖章	伟大人格

文体，即长文的体裁。不同的文体，其阅读方法是有差异的。教师只有在解读文本时具备强烈的文体意识，教学中才能做到什么文体“还它什么味道”。童话想象丰富、情节离奇有趣，上《巨人的花园》时，就可以创设故事的情境，从人物超常与情节离奇中感受童话故事的奇妙、语言的生动形象；议论文中的“论据”与记叙文的“叙事”截然不同，“叙事”在议论文中是用来论证“论点”的“论据”，如果上《真理诞生于一百个问号之后》时大讲文中第二段是怎么“叙事”的，议论文的说理特点将大打折扣。

展开细读是把长文读“厚”的过程，但“长文课堂教学不是一个筐，什么都可以往里装”，提高长文教学效率的关键是“取其一点”。取什么，又怎么取呢？那就要求教师具备确定长文语文核心价值的能力。

确定长文的语文核心价值

华东师范大学郑桂华教授提出判断什么样的内容是一篇课文的“语文核心价值”有四个维度——

具有语文特点。即内容是关于语文的知识，语文技能，或者说只有通过语文课才学到的知识。比如，五年级上册的《开国大典》是一篇典型的长文、难文，此课的核心教学价值，并不是讲述开国大典开辟历史新纪元的伟大意义，也不是以此激励全世界被压迫被剥削的民族的反抗斗争，更不是铭记那一个伟大的日子、雄伟的场面，这些内容到品德与社会课、历史课上去体会会更深刻。作为语文课文，它首要承载的是语文教育任务，要“理解如何通过语言文字和写作方法来表达所见所闻、所思所感”（吴立岗《对语文教学两个基本问题的探讨》)。学习《开国大典》就是学习文本是如何通过语言文字，通过顺叙写法、点面结合的场面描写、排比、比喻等表达方式展现开国大典的盛况，感受人民为新中国诞生而激动、自豪的场面，体会中国人民热爱领袖、热爱新中国的思想感情，这些才是具有语文性的“语文价值”。

具有明显的特征或代表性。这种特征可能是显性的，也可能是隐性的，但是一旦被解读出来，往往能被公认为该文本的主要特征。以五年级上册的《狼牙山五壮士》为例，课文隐含着比较丰富的语文现象：一是按照“接受任务—痛击敌人—引上绝路—顶峰歼敌—跳下悬崖”的事情发展顺序来叙述，条理清楚；二是重点突出，详略得当，第二、四、五部分详写，突出表现五壮士的革命英雄主义精神，其他部分略写；三是点面结合，既有对七连六班这个英雄集体的壮举的描写，又有对马宝玉个体的细致描写；四是人物的动作、神态的描写精准生动，体现了五壮士面对强敌毫不畏惧、英勇顽强、宁死不屈的革命英雄主义精神和忠于祖国的精神。我们不妨作个分析：按事情发展顺序叙事和运用详略得当的写法在小学语文教材中比比皆是，不可作为本篇长文独具的特点。点面结合是不是突出的写法呢？点面结合是场面描写的典型写法。从课题《狼牙山五壮士》看，此文重在写人，通过叙事突出人物品质，写人的主要描写方法是什么？动作、语言和神态。显然，第四点“五壮士痛歼敌人、英勇跳崖的动作和神态”描写占据着代表性地位。

具有统领性。从这一点出发，便于整体把握文章的内涵，走进作家的世界，建构起对文章丰富意义的认识。我们不妨看看四年级上册的散文《那片绿绿的爬山虎》，叶老堪称楷模的作品、人品是学生理解的难点。从文脉看，全文主要写了叶老与“我”之间的两件事，在每一件事情的叙写中，都自然流露出“我”的感受，因此30年后，“在我的眼前，那片爬山虎总是那么绿着”。

细读写“我”感受的句子，正是叶老人品与作品的伟大精神，也是叶老对我成长的影响，还是学生难以理解的“含义深刻的句子”。此课的教学设计可紧紧抓住“文脉”：事情、感受，一线贯穿，突破对这几个长句的理解，对全文深刻内涵的理解亦水到渠成。如此，教学具有统领性，且“文路”“教路”“学路”有机统一，化繁为简，教师导得轻松，学生悟得明白。

便于上升为“类概念”。即可以迁移，用于理解同一类文章、同一种语言现象。台湾作家林清玄信奉佛学，追求“尽心就是完美”。他的散文流畅清新，感情细腻真挚，宁静中透着激越，平易中有着感人的力量。人教版教材选入两篇他的散文：三年级的《和太阳赛跑》，六年级的《桃花心木》；北京版教材五年级选入一篇《百合花开》。把林清玄的这三篇散文放在一起，他似乎总是在悠悠地叙述生活的事物中，让人获得生活的启示。《和太阳赛跑》通过“我”和时间赛跑的几件事，感受到时间匆匆，启示人们要珍惜时间；《桃花心木》通过观察一位种树人奇怪的种树方法，明白了“人只有在不确定中才能锻炼出一颗独立自主的心”。《百合花开》呢？山崖上的野百合花认识到自己是“花”，萌发开花的信念，在获得“结出第一个花苞”的小小成功后，经受嘲笑和讥讽的挑战，它坚定信念，历经磨难，终于从量变到质变，开出花朵。成功后的百合花没有停下奋斗的脚步，依旧默默地坚持，“一朵一朵”地盛开，年年如此，终于形成“百合谷地”。百合自我价值的实现，其实就是一个人生命价值实现的过程。从给人以警示或启迪的意义上说，林清玄的诸多散文，很像“寓言”，而这一点，可以归纳为阅读林清玄部分散文的基本图式。于是，教学《桃花心木》时，关注、聚焦“这一个”价值——“事物”中的“启示”，就能达到“贵能令三反，触处自引伸”（叶圣陶《语文二十韵》）的目的。

在多数情况下，语文核心价值等同于课堂教学的核心价值（即“教学点”）。但因为长文是“教材”，教材有其内在的系统性与延续性，有其教学的对象——生动活泼的学生，于是，我们在“取其一点”时，还要考虑长文的语文核心价值是否符合教材的编排意图，是否符合学生的认知水平。

体会教材编者的意图

教师要走近编者，瞻前顾后，捕捉信息，深解其意。“文本与课文不同。文本更强调‘原生价值’，而‘课文’是因为入选教材、适应教学，被改编了甚至是被删减了的‘文本’——强调的是其‘教学价值’。”（窦桂梅）作为教材的文本，是编者对语文知识、能力体系高瞻远瞩的安排，其中单元导语、课后习题等包含编者的良苦用心。语文老师要胸有全局，把握课标精神、知晓年段目标、本册教学目标及本组教学目标，又要吃透单篇，把握整体与部分的关系。再以《那片绿绿的爬山虎》为例，多元解读能得到“横看成岭侧成峰”的结论，或是叶老改作文的字斟句酌，或是叶老对青少年成长的关心，或是叶老改文的严谨，或是叶老的平易近人，或是叶老孺子牛般的精神等。但作为教材的《那片绿绿的爬山虎》，放入“成长的故事”一组，其人文内涵重在叶老的人品与作品对“我”成长的影响。在课前研究中与编者深入对话，才能把教学的人文内涵定为“叶老对我成长的影响”。课前谈话可从“在成长过程中有时一个人，一件事甚至一句话能改变他的一生”聊起，例举鲁迅小时候由迟到之事立志“时时早，事事早”等事例，再到课中对肖复兴成长故事的学习，围绕“成长”体会含义深刻的句子，围绕单元“成长”主题进行教学。

把握学生学情的起点

教师要贴近学生，知其所思，知其所困，洞察学情。语文教师倘若没有对学生、学情的深入细致的把握，做文本的知音、做编者的知音必将无用武之地，长文短教亦不可能达到优质高效。譬如，《飞向蓝天的恐龙》一文中词语的核心教学价值在哪呢？有的老师以呈现文中三组反义词“笨重与轻灵”“迟钝与敏捷”“凶猛与温顺”为重点，有的老师从字到词进而用词造句，这些设计看似新颖奇崛，赏心悦目，但是这些设计一进入课堂，就像一个姑娘选了一身不十分合体的衣服那样别扭，原因就是这些设计者眼中缺乏学生。《飞向蓝天的恐龙》是一篇科普文，对文中出现的“中生代、后裔、繁衍、树栖”等词语，学生是陌生的，阅读时会产生障碍。有的老师蹲下身子，走进学生的心里，在初读环节，选择了两类词语作为检测对象：一类是科普文中的生僻词汇，理解这些词语的意思对学生来说是难点，解决好才能有利于进一步阅读。另一类是难读的四字词语，这些词语提前拎出来练读，对后面读通课文、理解内容都有帮助。此设计看似平常效果却最奇崛，是为学生量身定做的“合体衣裳”。再以《那片绿绿的爬山虎》为例，这篇文章文言、文法富有特色：三处描写爬山虎的句子语言优美，“情景交融”；文中一些含义深刻的语句意味深长、意蕴丰富；文中含着作者对叶老写作文和改作文体会的语句等。在有限的课堂教学时间内，何取何舍，还要从学生的阅读水平入手。显然，“情景交融”难度偏大，可先舍去，其他的两个“点”可以分课时来展开教学。

长文教学策略的“展开”：落实一“点”

取“点”固然重要，如何在课堂教学中落实一“点”呢？我们对多篇体裁不同、表达各异的长文展开磨课研究后，初步形成了长文教学策略的四步骤：整体感知—巧妙切入—叩其一点—联结全篇。这四个步骤既符合阅读教学“从整体到部分再到整体”的基本原则，也辩证地处理了长文的“长”与教学时间“短”的矛盾。

感知，整体把握做基础

阅读教学要从整体入手，如果说一篇课文就是一片语言的丛林，那么我们要引领学生看见“一片森林”，而不是“一棵树木”，长文教学亦然。

对长文主要内容的整体感知，要注意文章的体式。写人记事的可从写了几件事或事情的起因、经过、结果来概括；说明文可从说明的几个方面来概括；童话故事，可以抓主要人物和故事的开头、经过、结果来概括；寓言故事，可以抓写了一个什么小故事，告诉我们一个什么道理来全面把握；议论文，可以抓论点。比较难的是散文，散文的特点是“形散神聚”，教师要善于发现散文“形”的隐性规律，帮助学生感知。

“作者思有路，遵路识斯真”（叶圣陶），教学唯有遵循作者的思路，才能从中洞察作者的意图。长文的脉络往往较为隐秘，教师要善于给学生“搭脚手架”（赵镜中）。如教《飞向蓝天的恐龙》一文时抓过渡句“恐龙是如何飞向蓝天的呢？”帮助学生理清文本叙述思路；《草虫的村落》用问题“作者从哪个自然段开始跟着小虫子走进了草虫的村落？那之前又是什么地方？”引导学生揣摩行文思路；《将相和》通过学法指导“找出每个小故事的小结段，从小结段中抓关键词给每个小故事拟小标题”来把握结构。

要注意的是，整体感知与理清脉络环节是为后面“点”的突破做铺垫的，因此，设计要与后面的环节浑然一体，不能旁逸斜枝。

切入，教学思路为关键

特级教师黄玉峰曾说：“课堂教学的成功，必须有两个基本的条件。一是对所教文本的熟悉，二是找到破译文本的突破口。”选准了教学内容的“点”只是遍野散落的胜景，教师要为学生找到一条最佳的旅行路径，引领他们欣赏“长文”教学内容的绝佳胜境。如此一来，长文教学才能做到纲举而目张。在具体教学中，我们总结了文题切入法、文脉切入法、文言切入法、文意切入法、文法切入法等。试举几例：

《开国大典》采取文题切入法。从课题入手，“典就是典礼的意思，那么在典前面加上了一个‘大’，这是怎样的典礼？开国大典是什么意思呢？”进而，围绕“大典”，整体感知，初识“大典”（了解课文按顺序写了大典的哪几个场面）；重点研读，感受“大典”（抓大会部分的关键句，从词语和点面结合的表达语句来感受）；课堂总结，铭记“大典”（回归全文，升华情感）。

《那片绿绿的爬山虎》采取文脉切入法。文中写了两件事“叶老给我批改作文”“叶老请我到家做客”，每件事中都有直接写作者感受的句子，这应该是此文的“意脉”。这些写感受的句子又正是学生难以理解的含义深刻的句子。于是，教学从“人文性与工具性交集”的线索出发，填写每件事中作者的感受和体悟。“我虽然未见叶老先生的面，却从他的批改中感受到他的认真、平和以及温暖，如春风拂面。”“我非常庆幸，自己第一次见到作家，竟是这样一位人品与作品都堪称楷模的大作家。”由感受拎起两件事，从扶到放，学习体会含义深刻的句子的方法。含义深刻的句子理解了，叶老堪称楷模的人品与作品对“我”成长的影响也就深入体会了。

《将相和》采取文言切入法。以“语言”为切入点，咬定语言不放松，形成一条连贯的主线。第一板块，学习第一、二个故事，研读蔺相如三镇秦王的语言，感悟蔺相如的机智与勇敢，总结抓语言、悟人物的学习方法；第二板块，学习第三个故事，画出廉颇、蔺相如的语言，对比人物语言，发现不同，感受人物性格差异；第三板块，在对比中进行写话练习：廉颇脱下战袍，背上荆条，到蔺相如门上请罪，他说了什么？引导学生从称呼、态度、出发点三个角度思考写人物的语言；第四板块，总结司马迁的《史记》在描写人物时颇具特点，有人就这样总结：语言描写——闻其声而知其人。

《飞向蓝天的恐龙》采取文意切入法。文中第 3 自然段“恐龙是如何飞向蓝天的呢？”是个承上启下的句子，由此句理清全文的主要内容，再由“恐龙飞向蓝天的演化过程到底是怎样的呢？”聚焦重点段第 4 自然段，理清内容，品析词语，体会用词的准确、精当。

《跨越百年的美丽》采用文法切入法。梁衡的这篇散文以“形”字开头，“事”“理”交错运用，全文绘形有神，传情有致，析理入微。聚焦这一写法特点，遵循作者的行文思路展开教学，以“美丽表现在课文的哪些方面？”一问，引导学生寻找美，然后从“形、事、理”三个角度整理发现的“美”。

从以上课例我们还发现,“切入”的路径连接着两头，一头是“整体把握”，一头是“具体教学点”。这样的“切入”才能够从整体入手，眼观“森林”，而不是从“树木”到“树木”。

叩点，重点难点求落实

这里说的“点”，就是教学内容取的一“点”，也是教学内容的重点、难点。古希腊数学家阿基米德说过:“给我一个支点，我将撬起整个地球”。叩“点”，就是以此点为突破口，响鼓重锤，落实“点”的“工具性和人文性”训练，从而“窥一斑而见全豹”，层层剥开长文的外观，深入其核心领域。

将这里说的“点”，落实到课堂教学中，可以是某种阅读技能的训练，如《那片绿绿的爬山虎》教给学生理解含义深刻句子的阅读技能；可以是学习方法的指导，如《飞向蓝天的恐龙》，根据说明文文体特点，教学贯穿科普文章阅读方法的指导，即“质疑→阅读→解疑→新疑问”这样循环往复的阅读模式；可以是突破研读一个重点段落，如《开国大典》重点研读“大典”的主体部分“大会”的场面；可以是某种表达方式的揣摩，如《将相和》紧扣人物的语言描写，感悟人物性格、品质，体会语言描写的妙处。不管哪一点，在课堂教学中往往关注若干个教学细节。老子说:“天下难事必作于易，天下大事必作于细”。这些教学点的开掘要丰满，要落实，要引领学生“慢慢走，欣赏呀”。限于篇幅，仅以《那片绿绿的爬山虎》为例，我们一起来感受“重难点”是如何突破的。

《那片绿绿的爬山虎》把“理解文中含义深刻的句子”作为核心的教学内容。让我们走进体会含义深刻的句子“我虽然未见叶老先生的面，却从他的批改中感受到他的认真、平和以及温暖，如春风拂面”的课堂情境中:

生: 叶老为“我”批改作业,“我”的感受是“我虽然未见叶老先生的面，却从他的批改中感受到他的认真、平和以及温暖，如春风拂面”。

师： 把这个长句读成一个四字词语，就叫做——

生： 春风拂面。

师： 能用自己的话说说什么叫“春风拂面”吗？

生： 春天的风吹到脸上。

师： 这个“拂”，指的是轻轻地擦过。春天来了，柔柔的春风轻轻吹过脸庞，有什么感觉？

生 1： 很柔和。

叶圣陶先生指出，语文教学“应是生字难句的理解和文章方法的摄取。”“春风拂面”在句中是一个关键词，对“春风拂面”一词的理解，教师力求准确，重视教学过程，有温度、有深度，引导学生一同沉入此词的情境中。

师：“到处”,“密密麻麻”，这“密密麻麻”联系上文，指的是——

生： 红色的修改符号和改动后增添的小字。

师：“密密麻麻”，联系下文，指的是——

生： 几页纸上到处是红色的圈、钩或直线、曲线。

师： 孩子们，这就是叶老批改的文章，共有 160 多处的修改呢。

（生诧异）

……

师： 回到家，我仔细看了几遍叶老先生对我作文的修改——

生： 题目《一张画像》改成《一幅画像》，我立刻感到用字的准确性。类似这样的修改很多，长句断成短句的地方也不少。有一处，我记得十分清楚：“怎么你把包几何课本的书皮去掉了呢？”叶老先生改成“怎么你把几何课本的包书纸去掉了呢？”

师： 就一个字，一个词，好像也说得过去呀，叶老有必要这样改吗？

生 1： 改了就更准确。

生 2： 句子更干净。

生： 叶老为了保护我的自信心。

师： 短短的评语，树立了我写作的信心，带给我温暖。所以，我虽然未见叶老先生的面，——

（生读）

什么叫层层深入？什么叫词语涵义的开掘？这就是。对词语的理解不停留在这个语词中，而是把它置身于语境中，字斟句酌。“联系上下文”反复研读是中段教学中一个很重要的阅读理解能力培养方式，老师在此作了一个很好的示范。

师：（出示叶老的资料）同学们，这就是为肖复兴批改作文的叶圣陶老人。当时，他已经是68岁高龄了，担任国家教育部副部长，是蜚声国内外文坛的大作家。白天，他有做不完的工作；晚上，他拿起20篇作文，一篇一篇、一字一句地批改。看到这样的画面，你又有什么感受呢？……

“疏可走马，密不透风”。次要之处尽可蜻蜓点水，重要之点必然反复咀嚼，适度拓展。从整堂课的教学来看，理解含义深刻的句子，此处为“扶”。扶得到位，品得精深，才能有后面教学环节“放”得精彩。到此，“抓关键词”“联系上下文”“链接资料”以理解含义深刻句子的方法和盘托出，水到渠成，丰满圆润。

联结，教学全局要观照

语文教学始终是一个“整体—局部—回归整体”的过程，因此，短教的“点”是整体观照下的点。短教的意义不在于时间短，关键是在于“有效”，在于短教是否达到“以一当十”的目的，收到“一叶知秋”的效果。立足“点”，是为了更好地发散，由“点”及面，观照全篇；立足“点”，是为了更好地升华，由浅入深，引导学生进一步“入情”。联结的关键是找到“点”与“全局”的“联结点”。

可以采用发散联结。《飞向蓝天的恐龙》通过叩击“恐龙的一支经过漫长的演化，最终变成了凌空翱翔的鸟儿”一句中的两个词语“一支”和“漫长的”，引导学生体会说明文用词的精准。仅到此，完成的是“点”的开掘。接下来，散发开去，出示课文中用词精准的五个句子，引导学生“像这样准确的用词，在课文中还有很多，这几个句子中就有不少，你发现了吗？”辐射全篇，学生在训练中习得用词的妙处。

可以采用纵深联结。《跨越百年的美丽》选择“提炼镭”的事例，在品味关键词的过程中读懂居里夫人的“科学精神”，从而初步了解其“人生意义”，然后通过联系下文中最能体现其伟大成就的排比句（直接写哲理的句子），进一步读懂居里夫人的人生意义和人生价值。这个点让学生在读书感悟的过程中，走进了人物，掌握了阅读方法。下面的事例“捐奖金、送奖章”是居里夫人人格美的升华：玛丽·居里“是唯一没有被盛名宠坏的人”。因为有了前一个“事”“理”结合感悟“美”的深入开掘案例，可放手让学生运用方法——借助事例读懂含义深刻的句子，自读自悟文中的哲理，实现了纵深联结，升华了中心思想。

总之，取其一“点”和落实一“点”，是有机联系的整体，是长文教学教什么和怎么教的突破之处。教师若把这两个一“点”常放在脑中，实现长文短教既有了合宜的教学内容，又有了巧妙的教学策略，课堂教学效率的提高指日可待。

后　记

在百年清华附小探索中国意义，实现价值观引领、课程引领进程的大背景下，在一个自觉承担中国教育使命，鞠躬尽瘁、殚精竭虑做教育的校长身边，我常常心怀愧疚：一个语文特级教师，怎样才能把自己对语文的认识、点滴的思行记录下来，成为年轻人的一块“搭石”？也许在茫茫的语文教育进程中，它发出的光很微弱，但哪怕只有一点莹莹星火呢，我们这样做也是值得的。

历经近一年的时间，我才在杂草般的思绪中，慢慢理清了观点与思路，终于，又一个春暖花开的季节，我放下笔，圆了一个在思考与言说中，发现语文、发现自我的心愿。

季羡林说，成功＝天赋＋勤奋＋机遇，天赋是爸妈给的，勤奋需要自身努力，机遇却是可遇而不可求的。回望过去，如果说我的一点点小成绩算作一种小成功，这成功要归结于我拥有了重要的机遇，但比机遇更重要的还有“我与谁同行”！我清醒地知道，假如我还在那个封闭的小山村里，假如我没有得到诸多历练的机会，没有参加全国大赛，没有当过省会城市教研员，没有路上那么多帮助我成长的恩师益友，我对教育就不会有今日的情怀与理解！

感恩一路上提携的领导：德兴二小的吴荣香老师，南昌师范附属实验小学的文耀挺、蔡梅江校长，南昌市教研室的周卓涛所长，胡助金、赵水兰老师，人教社德高望重的崔峦、陈先云老师。

感恩一路上引导的专家：江西省的老特级教师张敏、宋楚主、李再、王瑞源。

尤其要感恩的是窦桂梅校长，这不仅是因为她是我现任的校长，更是因为从教育教学到为人境界，她给我的影响是改造与创生！

感恩与我并肩同行的同仁，他们的名字太多太长，正是因为有一群这样的人，我们彼此抵砺，相互成就，我的教育生活才变得温暖而充满情趣。

感恩我带过的和执教过的学生，因为有学生，琐碎的教育工作变得鲜活而生动，每一天都不一样，每一天都充满期待，我的教育人生也因此更有价值和意义！

最后，还要好好感恩我的家人。我年迈的父母，身体健康，乐观向上，我这个他们最想依靠与依赖的长女，远离江西，电话那边传来的总是“我们很好啊，不要担心”；我的丈夫、我的儿子，我们总是一起分享彼此的成功，倾诉与排解生活的不快，正能量地彼此激励，“家和”成为我心无旁骛的有力支撑。

“心怀感恩，常知愧疚，卓越攀行”，这是清华附小的一句年度语，也可以作为我后记的结语。

2015 年 3 月 8 日于清华园

图书在版编目（CIP）数据

语文教育的“大”和“小”：为生长而教／王玲湘著.—上海：华东师范大学出版社，2015.4

ISBN 978-7-5675-3371-4

Ⅰ.①语… Ⅱ.①王… Ⅲ.①中学语文课—教学研究 Ⅳ.①G633.302

中国版本图书馆CIP数据核字（2015）第075368号

大夏书系·语文之道

语文教育的“大”和“小”

——为生长而教

著　　者　王玲湘
策划编辑　李永梅
审读编辑　齐凤楠
封面设计　奇文云海·设计顾问

出版发行　华东师范大学出版社
社　　址　上海市中山北路3663号　邮编　200062
网　　址　www.ecnupress.com.cn
电　　话　021－60821666　行政传真　021－62572105
客服电话　021－62865537
邮购电话　021－62869887
地　　址　上海市中山北路3663号华东师范大学校内先锋路口
网　　店　http：//hdsdcbs.tmall.com

印 刷 者　北京季蜂印刷有限公司
开　　本　640×960　16开
插　　页　1
印　　张　15
字　　数　190千字
版　　次　2015年5月第一版
印　　次　2017年2月第二次
印　　数　6 101—8 100
书　　号　ISBN 978-7-5675-3371-4/G·8171
定　　价　32.00元

出 版 人　王　焰